小学生

必背文学常识

中华传统文化知识

思维导图

228个
必背考点

张金红◎主编

哈爾濱工業大學出版社
HARBIN INSTITUTE OF TECHNOLOGY PRESS

图书在版编目(CIP)数据

中华传统文化知识 / 张金红主编. —哈尔滨:哈尔滨工业大学出版社，2017.8（2024.12重印）
(小学生智能教材全解)
ISBN 978-7-5603-6906-8

Ⅰ.①中… Ⅱ.①张… Ⅲ.①中华文化—小学—教学参考资料 Ⅳ.①G624.203

中国版本图书馆 CIP 数据核字（2017）第 201538 号

策划编辑	李艳文　范业婷
责任编辑	张永芹　杨万鑫
封面设计	阳光旭日
出版发行	哈尔滨工业大学出版社
社　　址	哈尔滨市南岗区复华四道街 10 号
邮　　编	150006
传　　真	0451-86414749
网　　址	http://hitpress.hit.edu.cn
印　　刷	三河市越阳印务有限公司
开　　本	880 mm×1 250 mm　1/32
印　　张	4
字　　数	93 千字
版　　次	2017 年 8月第 1 版
印　　次	2024 年 12月第 3 次印刷
书　　号	ISBN 978-7-5603-6906-8
定　　价	35.80 元

前　言

小学阶段，正是学生学习、掌握知识，培养良好学习习惯和态度的关键阶段。为帮助学生系统地掌握知识要点，理清知识脉络，我们精心打造了本书。本书对小学语文课本中常见的文学常识进行了科学全面的分类，并对知识点进行了汇总。全书共分为五个部分，包括中国古代人物篇、中国古代典籍篇、中国现当代人物篇、中国现当代作品篇、中国古代文化常识篇。内容丰富、翔实，结构合理，十分精准地对各个知识要点进行梳理、提炼、讲解，有助于学生在头脑中形成清晰的知识链条，掌握知识的内在联系；注重知识的外延与拓展，符合学生各个阶段的学习规律，具有科学性、全面性、指导性、连续性、可操作性。通过本书的学习，希望孩子能够迅速掌握中国传统文化知识，全面提升语文素养，增强文化自信。

本书适合小学各年级学生使用。作者参阅了许多近几年出版的小学教学辅助类书刊，借鉴众家之长进行编写，保证了知识的准确性。这套书为学校教师教学提供了有益的参考资料，也为孩子学习提供了得力的材料，同时也是家长辅导孩子学习的好工具、好帮手。让孩子们茁壮成长，是我们共同的愿望。欢迎广大读者朋友把宝贵的意见和建议反馈给我们，我们争取做得更好。

编　者

目 录

宋朝

元明清

第二部分
中国古代典籍篇

四书

五经

中国传统启蒙教材

上古奇书

古代农学、医学著作

第一部分　中国古代人物篇

思维导图

中国古代人物

- **先秦**：老子　孔子　墨子　孟子　庄子　屈原　荀子　韩非子
- **两汉**：司马迁　班固
- **魏晋**：曹操　诸葛亮　曹植　陶渊明
- **唐朝**：骆宾王　王勃　陈子昂　王之涣　孟浩然　王昌龄　高适　王维　李白　杜甫　岑参　张志和　孟郊　张籍　韩愈　刘禹锡　白居易　李绅　柳宗元　贾岛　李贺　杜牧　李商隐　李煜
- **宋朝**：柳永　范仲淹　晏殊　欧阳修　司马光　王安石　苏轼　黄庭坚　李清照　陆游　杨万里　朱熹　辛弃疾　叶绍翁　文天祥
- **元明清**：关汉卿　马致远　施耐庵　罗贯中　于谦　吴承恩　蒲松龄　纳兰性德　郑板桥　曹雪芹　袁枚　龚自珍

先秦

老子

（生卒年不详）

原名： 李耳

字： 聃（dān）

身份： 道家学派创始人，春秋时期思想家、哲学家、文学家和史学家，后被道教尊为始祖

代表作：《道德经》

积累

1. 胜人者有力，自胜者强。
2. 道可道，非常道；名可名，非常名。
3. 天地不仁，以万物为刍狗；圣人不仁，以百姓为刍狗。

孔子

（前 551—前 479）

原名： 孔丘

字： 仲尼

身份： 儒家学派创始人，春秋末期思想家、政治家、教育家。后世封建统治者或儒生尊称其为“圣人”“至圣先师”“万世师表”

代表作： “六经”（《诗经》《尚书》《仪礼》《乐经》《易经》《春秋》，由孔子整理而成）、《论语》（孔子弟子及再传弟子记录孔子言行的著作）

积累

1. 己所不欲，勿施于人。
2. 与朋友交，言而有信。
3. 三人行，必有我师焉。

墨子

（约前 468—前 376）

原名：墨翟

身份：墨家学派创始人，春秋战国之际思想家、政治家、科学家、军事家，被后世尊称为“科圣”

代表作：《墨子》

积累

1. 兼相爱，交相利。
2. 志不强者智不达，言不信者行不果。

孟子

（约前 372—前 289）

原名：孟轲

身份：儒家思想代表人物之一，战国时期思想家、哲学家、政治家、教育家，被后世尊称为“亚圣”

代表作：《孟子》

积累

1. 得道者多助，失道者寡助。
2. 天时不如地利，地利不如人和。

庄子

（约前 369—前 286）

原名：庄周

身份：道家学派代表人物之一，战国时期思想家、哲学家、文学家，与老子并称“老庄”

代表作：《庄子》，《逍遥游》《齐物论》是其中的名篇

积累

1. 天地与我并生，而万物与我为一。
2. 君子之交淡若水，小人之交甘若醴。

屈原

（约前 340—前 278）

原名：屈平

身份：浪漫主义文学奠基者，诗人、政治家

代表作：《离骚》《九歌》《九章》《天问》

积累
1. 路曼曼其修远兮，吾将上下而求索。
2. 举世皆浊我独清，众人皆醉我独醒。

荀子

（约前 313—前 238）

原名：荀况

字：卿（一说时人尊而号为卿）

身份：儒家学派的代表人物之一，战国时期思想家、哲学家、教育家

代表作：《荀子》

积累
1. 青，取之于蓝，而青于蓝；冰，水为之，而寒于水。
2. 不登高山，不知天之高也；不临深溪，不知地之厚也。

韩非子

（约前 280—前 233）

原名：韩非

身份：法家思想集大成者，法家学派的主要代表人物，战国末期带有唯物主义色彩的哲学家、思想家和散文家

代表作：《韩非子》

积累
1. 以人言善我，必以人言罪我。
2. 画鬼容易，画犬马难。

两汉

司马迁

（约前 145 或前 135—？）

字：子长

身份：西汉史学家、文学家、思想家，开创纪传体史学，世称“史迁”“太史公”“历史之父”

代表作：《史记》《报任安书》

积累
1. 运筹策帷帐之中，决胜于千里之外。
2. 王侯将相宁有种乎？
3. 飞鸟尽，良弓藏；狡兔死，走狗烹。

班固

（32—92）

字：孟坚

身份：东汉史学家、文学家，与司马迁并称“班马”

代表作：《汉书》《两都赋》

积累
1. 临渊羡鱼，不如退而结网；扬汤止沸，不如釜底抽薪。
2. 功不可以虚成，名不可以伪立。

魏晋

曹操

（155—220）

字：孟德

身份：三国时期政治家、军事家、诗人

代表作：《观沧海》《蒿里行》《短歌行》

积累

1. 对酒当歌，人生几何！
2. 老骥伏枥，志在千里；烈士暮年，壮心不已。
3. 周公吐哺，天下归心。

诸葛亮

（181—234）

字：孔明

身份：三国时期政治家、军事家、发明家

代表作：《出师表》《诫子书》

积累

1. 鞠躬尽瘁，死而后已。
2. 苟全性命于乱世，不求闻达于诸侯。
3. 非淡泊无以明志，非宁静无以致远。

曹植

（192—232）

字： 子建

身份： 三国时期诗人、音乐家

代表作：《七步诗》《白马篇》《洛神赋》

积累

1. 本是同根生，相煎何太急？
2. 瓜田不纳履，李下不正冠。
3. 捐躯赴国难，视死忽如归！

陶渊明

（365 或 372 或 376—427）

字： 元亮

身份： 东晋诗人、辞赋家、散文家

代表作：《桃花源记》《归去来辞》《闲情赋》

积累

1. 木欣欣以向荣，泉涓涓而始流。
2. 山气日夕佳，飞鸟相与还。
3. 及时当勉励，岁月不待人。

唐朝

骆宾王

（约 638—684）

字： 观光

身份： 文学家

代表作：《咏鹅》《帝京篇》《于易水送人》

积累

1. 无人信高洁，谁为表予心？
2. 白雪梁山曲，寒风易水歌。

王勃

（649 或 650—676）

字： 子安

身份： 诗人，“初唐四杰”之一

代表作：《滕王阁序》《山中》

积累

1. 落霞与孤鹜齐飞，秋水共长天一色。
2. 海内存知己，天涯若比邻。

陈子昂

（659—700）

字： 伯玉

身份： 唐代诗歌革新的先驱，文学家

代表作：《感遇》《登幽州台歌》

积累

1. 前不见古人，后不见来者。念天地之悠悠，独怆然而涕下！
2. 每愤胡兵入，常为汉国羞。

王之涣

（688—742）

字：季淩

身份：诗人

代表作：《登鹳雀楼》《凉州词二首》

积累

1. 白日依山尽，黄河入海流。欲穷千里目，更上一层楼。
2. 杨柳东风树，青青夹御河。
3. 羌笛何须怨杨柳，春风不度玉门关。

孟浩然

（689—740）

字：浩然

身份：山水田园派诗人

代表作：《春晓》《过故人庄》

积累

1. 草木本无意，荣枯自有时。
2. 人事有代谢，往来成古今。
3. 孤烟村际起，归雁天边去。

王昌龄

（?—约 756）

字：少伯

身份：边塞诗人

代表作：《从军行》《出塞》《闺怨》

积累

1. 秦时明月汉时关，万里长征人未还。
2. 黄沙百战穿金甲，不破楼兰终不还。
3. 寒雨连江夜入吴，平明送客楚山孤。

高适

（约 700—765）

字：达夫

身份：边塞诗人

代表作：《别韦参军》《燕歌行》《别董大》《封丘作》

积累
1. 莫愁前路无知己，天下谁人不识君？
2. 借问梅花何处落，风吹一夜满关山。
3. 故乡今夜思千里，霜鬓明朝又一年。

王维

（约 701—761）

字：摩诘

身份：山水田园诗人，有“诗佛”之称

代表作：《山居秋暝》《鸟鸣涧》《使至塞上》

积累
1. 春去花还在，人来鸟不惊。
2. 大漠孤烟直，长河落日圆。
3. 劝君更尽一杯酒，西出阳关无故人。

李白

（701—762）

字：太白

身份：唐代伟大的浪漫主义诗人，被后人誉为“诗仙”

代表作：《静夜思》《蜀道难》《将进酒》

积累
1. 大鹏一日同风起，扶摇直上九万里。
2. 两岸猿声啼不住，轻舟已过万重山。
3. 小时不识月，呼作白玉盘。

杜甫
（712—770）

字：子美

身份：唐代伟大的现实主义诗人，被后人誉为“诗圣”

代表作：《望岳》《登高》《春望》《茅屋为秋风所破歌》，“三吏”（《石壕吏》《新安吏》《潼关吏》），“三别”（《新婚别》《无家别》《垂老别》）

积累
1. 露从今夜白，月是故乡明。
2. 正是江南好风景，落花时节又逢君。

岑参
（约 715—770）

身份：诗人

代表作：《行军九日思长安故园》《白雪歌送武判官归京》《逢入京使》

积累
1. 东风吹野火，暮入飞云殿。
2. 忽如一夜春风来，千树万树梨花开。

张志和
（732—774）

字：子同

身份：诗人

代表作：《玄真子》《大易》《渔父歌》

积累
1. 西塞山前白鹭飞，桃花流水鳜鱼肥。青箬笠，绿蓑衣，斜风细雨不须归。
2. 为忆渌江春水色，更随宵梦向吴洲。

孟郊

（751—814）

字：东野

身份：诗人

代表作：《游子吟》《登科后》

积累

1. 春风得意马蹄疾，一日看尽长安花。
2. 慈母手中线，游子身上衣。
3. 青春须早为，岂能长少年。

张籍

（约 767—约 830）

字：文昌

身份：现实主义诗人

代表作：《江南曲》《江村行》《湘江曲》

积累

1. 洛阳城里见秋风，欲作家书意万重。
2. 欲祭疑君在，天涯哭此时。

韩愈

（768—824）

字：退之

身份：文学家、思想家、哲学家、政治家，“唐宋八大家”之首

代表作：《早春呈水部张十八员外》《左迁至蓝关示侄孙湘》

积累

1. 天街小雨润如酥，草色遥看近却无。
2. 师者，所以传道受业解惑也。

刘禹锡

（772—842）

字：梦得

身份：文学家、哲学家，被称为“诗豪”

代表作：《陋室铭》《浪淘沙》《秋词》

积累

1. 谈笑有鸿儒，往来无白丁。
2. 自古逢秋悲寂寥，我言秋日胜春朝。
3. 旧时王谢堂前燕，飞入寻常百姓家。

白居易

（772—846）

字：乐天

身份：现实主义诗人，有“诗魔”之称

代表作：《钱塘湖春行》《赋得古原草送别》《长恨歌》《琵琶行》

积累

1. 乱花渐欲迷人眼，浅草才能没马蹄。
2. 人间四月芳菲尽，山寺桃花始盛开。
3. 同是天涯沦落人，相逢何必曾相识。

李绅

（772—846）

字：公垂

身份：诗人

代表作：《悯农二首》

积累

1. 锄禾日当午，汗滴禾下土。谁知盘中餐，粒粒皆辛苦。
2. 四海无闲田，农夫犹饿死。

柳宗元
（773—819）

字：子厚

身份：文学家、哲学家、思想家，“唐宋八大家”之一

代表作：《溪居》《江雪》《渔翁》

积累
1. 千山鸟飞绝，万径人踪灭。孤舟蓑笠翁，独钓寒江雪。
2. 宁为有闻而死，不为无闻而生。
3. 问春从此去，几日到秦原。

贾岛
（779—843）

字：阆（làng）仙（也作浪仙）

身份：诗人，人称“诗奴”

代表作：《长江集》《诗格》《病蝉》

积累
1. 一日不作诗，心源如废井。
2. 二句三年得，一吟双泪流。
3. 绝顶人来少，高松鹤不群。

李贺
（790—816）

字：长吉

身份：浪漫主义诗人，有“诗鬼”之称

代表作：《李凭箜篌引》《雁门太守行》《马诗》

积累
1. 黑云压城城欲摧，甲光向日金鳞开。
2. 男儿何不带吴钩，收取关山五十州。
3. 天上分金镜，人间望玉钩。

杜牧

（803—853）

字：牧之

身份：文学家

代表作：《赤壁》《阿房宫赋》

积累

1. 商女不知亡国恨，隔江犹唱后庭花。
2. 远上寒山石径斜，白云生处有人家。
3. 南朝四百八十寺，多少楼台烟雨中。

李商隐

（约 813—约 858）

字：义山

身份：诗人，与杜牧合称“小李杜”

代表作：《无题》《乐游原》《夜雨寄北》

积累

1. 相见时难别亦难，东风无力百花残。春蚕到死丝方尽，蜡炬成灰泪始干。
2. 何当共剪西窗烛，却话巴山夜雨时。

李煜

（937—978）

字：重光

身份：词人，南唐后主

代表作：《虞美人》《相见欢》《望江南》

积累

1. 问君能有几多愁？恰似一江春水向东流。
2. 独自莫凭栏，无限江山，别时容易见时难。流水落花春去也，天上人间。

宋朝

柳永

（约 987—约 1053）

字： 景庄，后改名永，字耆卿

身份： 北宋著名词人，婉约派代表人物

代表作：《雨霖铃》《乐章集》《煮海歌》

积累

1. 衣带渐宽终不悔，为伊消得人憔悴。
2. 执手相看泪眼，竟无语凝噎。
3. 故人何在，烟水茫茫。

范仲淹

（989—1052）

字： 希文

身份： 北宋时期杰出的政治家、文学家

代表作：《岳阳楼记》《渔家傲》

积累

1. 先天下之忧而忧，后天下之乐而乐。
2. 君看一叶舟，出没风波里。

晏殊

（991—1055）

字： 同叔

身份： 北宋政治家、词人

代表作：《浣溪沙》《珠玉词》

积累

1. 一曲新词酒一杯，去年天气旧亭台。
2. 昨夜西风凋碧树，独上高楼，望尽天涯路。

欧阳修

（1007—1072）

字：永叔

身份：北宋政治家、文学家、史学家

代表作：《醉翁亭记》《六一诗话》

积累

1. 主人不觉悲华发，野老犹能说醉翁。
2. 忧劳可以兴国，逸豫可以亡身。
3. 醉翁之意不在酒，在乎山水之间也。

司马光

（1019—1086）

字：君实

身份：北宋时期政治家、史学家、文学家

代表作：《司马文正公集》《稽古录》《涑水记闻》

积累

1. 由俭入奢易，由奢入俭难。
2. 平而后清，清而后明。
3. 暂来疑是客，归去不成家。

王安石

（1021—1086）

字：介甫

身份：北宋政治家、文学家、思想家、改革家，“唐宋八大家”之一

代表作：《登飞来峰》《泊船瓜洲》《答韩求仁书》

积累

1. 不畏浮云遮望眼，自缘身在最高层。
2. 墙角数枝梅，凌寒独自开。

苏轼

（1037—1101）

字：子瞻

身份：北宋文学家、书画家，历史治水名人

代表作：《念奴娇·赤壁怀古》《定风波·莫听穿林打叶声》《江城子·密州出猎》

积累

1. 欲把西湖比西子，淡妆浓抹总相宜。
2. 竹外桃花三两枝，春江水暖鸭先知。

黄庭坚

（1045—1105）

字：鲁直

身份：北宋诗人、书法家，江西诗派开山之祖

代表作：《水调歌头·游览》《寄黄几复》

积累

1. 春归何处？寂寞无行路。
2. 我欲穿花寻路，直入白云深处，浩气展虹霓。
3. 恰如灯下，故人万里，归来对影。

李清照

（1084—约 1151）

号：易安居士

身份：宋代婉约派代表词人，有“千古第一才女”之称

代表作：《漱玉词》《如梦令·昨夜雨疏风骤》

积累

1. 生当作人杰，死亦为鬼雄。
2. 花自飘零水自流。一种相思，两处闲愁。此情无计可消除，才下眉头，却上心头。

陆游

（1125—1210）

字：务观

身份：南宋诗人、史学家

代表作：《示儿》《临安春雨初霁》《卜算子·咏梅》

积累
1. 王师北定中原日，家祭无忘告乃翁。
2. 山重水复疑无路，柳暗花明又一村。
3. 无意苦争春，一任群芳妒。

杨万里

（1127—1206）

字：廷秀

身份：南宋诗人

代表作：《插秧歌》《竹枝词》《小池》《初入淮河四绝句》

积累
1. 小荷才露尖尖角，早有蜻蜓立上头。
2. 毕竟西湖六月中，风光不与四时同。
3. 风力掀天浪打头，只须一笑不须愁。

朱熹

（1130—1200）

字：元晦

身份：南宋理学家、哲学家、思想家、政治家、教育家、诗人

代表作：《楚辞集注》《晦庵词》

积累
1. 等闲识得东风面，万紫千红总是春。
2. 问渠那得清如许？为有源头活水来。

辛弃疾

（1140—1207）

字：幼安

身份：南宋将领、文学家、豪放派词人

代表作：《清平乐·村居》《破阵子·为陈同甫赋壮词以寄之》

积累

1. 众里寻他千百度，蓦然回首，那人却在，灯火阑珊处。
2. 醉里挑灯看剑，梦回吹角连营。
3. 茅檐低小，溪上青青草。

叶绍翁

（1194—1269）

字：嗣宗

身份：南宋诗人

代表作：《游园不值》《夜书所见》

积累

1. 春色满园关不住，一枝红杏出墙来。
2. 萧萧梧叶送寒声，江上秋风动客情。
3. 古柳无多树，新蝉第一声。

文天祥

（1236—1283）

字：宋瑞，又字履善

身份：南宋大臣、文学家

代表作：《过零丁洋》《南安军》

积累

1. 人生自古谁无死，留取丹心照汗青。
2. 天地有正气，杂然赋流形。

元明清

关汉卿

（生卒年不详）

号：已斋叟

身份：元杂剧奠基人，“元曲四大家”之首

代表作：《窦娥冤》《救风尘》《望江亭》

积累

1. 我是个蒸不烂、煮不熟、捶不扁、炒不爆、响当当一粒铜豌豆。
2. 笨鸟先飞早入林。

马致远

（约1251—1321以后）

号：东篱

身份：元代戏曲作家、散曲家、散文家

代表作：《天净沙·秋思》《汉宫秋》

积累

1. 千军易得，一将难求。
2. 枯藤老树昏鸦，小桥流水人家，古道西风瘦马。
3. 成也萧何，败也萧何；醉了由他！

施耐庵

（生卒年不详）

身份：元末明初小说家

代表作：《水浒传》

积累

1. 有缘千里来相会，无缘对面不相逢。
2. 闻名不如见面，见面胜似闻名。

罗贯中

（约 1330—约 1400）

原名：罗本

身份：元末明初文学家

代表作：《三国演义》《隋唐两朝志传》

积累

1. 色厉胆薄，好谋无断，干大事而惜身，见小利而忘命，非英雄也。
2. 兵家胜败真常事，卷甲重来未可知。
3. 天生郭奉孝，豪杰冠群英。

于谦

（1398—1457）

字：廷益

身份：明代名臣、军事家、政治家

代表作：《石灰吟》《节庵诗文稿》

积累

1. 千锤万凿出深山，烈火焚烧若等闲。粉骨碎身浑不怕，要留清白在人间。
2. 年去年来白发新，匆匆马上又逢春。

吴承恩

（约 1500—约 1582）

字：汝忠

身份：明代文学家

代表作：《西游记》

积累

1. 花果山福地，水帘洞洞天。
2. 心生，种种魔生；心灭，种种魔灭。

蒲松龄

（1640—1715）

字：留仙

身份：清代文学家

代表作：《聊斋志异》

积累

1. 有花有酒春常在，无烛无灯夜自明。
2. 一人飞升，仙及鸡犬。
3. 天下快意之事莫若友，快友之事莫若谈。

纳兰性德

（1655—1685）

字：容若

身份：清代词人

代表作：《长相思》

积累

1. 人生若只如初见，何事秋风悲画扇。
2. 山一程，水一程，身向榆关那畔行，夜深千帐灯。

郑板桥

（1693—1765）

原名：郑燮

字：克柔

身份：清代书画家、文学家

代表作：《竹石》《墨竹图题诗》

积累

1. 咬定青山不放松，立根原在破岩中。千磨万击还坚劲，任尔东西南北风。
2. 晨起开门雪满山，雪晴云淡日光寒。

曹雪芹

（约 1715 或 1721—约 1764）

字： 梦阮

身份： 清代小说家

代表作： 《红楼梦》

积累

1. 世事洞明皆学问，人情练达即文章。
2. 草木也知愁，韶华竟白头。
3. 好风凭借力，送我上青云。

袁枚

（1716—1797）

字： 子才

身份： 清代文学家

代表作： 《所见》《苔》

积累

1. 牧童骑黄牛，歌声振林樾。意欲捕鸣蝉，忽然闭口立。
2. 白日不到处，青春恰自来。

龚自珍

（1792—1841）

字： 璱人

身份： 清代思想家、文学家

代表作： 《己亥杂诗》《咏史》

积累

1. 浩荡离愁白日斜，吟鞭东指即天涯。落红不是无情物，化作春泥更护花。
2. 我劝天公重抖擞，不拘一格降人才。

第二部分 中国古代典籍篇

思维导图

中国古代典籍

- **四书**
  - 《论语》
  - 《孟子》
  - 《大学》
  - 《中庸》
- **五经**
  - 《周易》
  - 《尚书》
  - 《诗经》
  - 《礼记》
  - 《春秋》
- **中国传统启蒙教材**
  - 《千字文》
  - 《百家姓》
  - 《三字经》
- **上古奇书**
  - 《山海经》
  - 《黄帝内经》
- **古代农学医学著作**
  - 《齐民要术》
  - 《农政全书》
  - 《伤寒杂病论》
  - 《本草纲目》
- **古代军事、地理著作**
  - 《孙子兵法》
  - 《三十六计》
  - 《水经注》
  - 《徐霞客游记》
- **史书类著作**
  - 《左传》
  - 《战国策》
  - 《史记》
  - 《后汉书》
  - 《三国志》
  - 《资治通鉴》
- **四大名著**
  - 《水浒传》
  - 《三国演义》
  - 《西游记》
  - 《红楼梦》

四书

《论语》

孔子的弟子及其再传弟子记录孔子及其弟子言行而编成的积累文集，成书于战国前期。全书以积累体为主，叙事体为辅，集中体现了孔子及儒家学派的政治主张、伦理思想、道德观念、教育原则等。

《孟子》

儒家经典之一，由孟子及其弟子共同编撰而成，书中记载了孟子等人的政治、教育、哲学、伦理等思想观点和政治活动。

《大学》

“四书”之首，是一篇论述儒家道德修养理论和教育理论的散文，原是《礼记》第四十二篇。宋元以后，成为国家官定的教科书和科举考试的必读书，对中国古代教育产生了极大的影响。

《中庸》

论述为人处世之道、德行标准及学习方法的一部道德哲学专著，是儒家经典之一。原是《礼记》第三十一篇，相传为战国时期子思所作。其内容肯定“中庸”是道德行为的最高标准，认为“至诚”则达到人生的最高境界，并提出“博学之，审问之，慎思之，明辨之，笃行之”的学习过程和认识方法。

五经

《周易》

简称《易》。《周易》通过八卦的形式创造了独特的思想体系，被奉为儒家重要经典之一，六经之首。其所提出的阴阳刚柔、道器之分、天道与人道的联系等学说，对后世中国哲学产生了深远的影响。

《尚书》

亦称《书》《书经》，是中国上古历史文件和部分追述古代事迹著作的汇编，其内容涉及政治、宗教、思想、哲学、艺术、法令、天文、地理、军事等诸多领域。汉以后《尚书》被列为儒家核心经典之一，成为历代儒家研习的基本书籍。

《诗经》

中国第一部诗歌总集，收录了西周至春秋中期约 500 年间的诗歌共 305 篇，因此又被称为“诗三百”。《诗经》在内容上分为“风”“雅”“颂”三大类。“风”又称“国风”，收录的是周代各地的歌谣，是《诗经》中的精华部分；“雅”主要是用于宴会典礼的正统宫廷乐歌，“颂”主要是宫廷宗庙祭祀用的乐歌，“雅”“颂”中的诗歌对于考察早期历史、宗教与社会有很大价值。

《礼记》

又名《小戴礼记》《小戴记》，是秦汉以前各种礼仪论著的选集，体现了先秦儒家的哲学、教育、政治及美学思想，是研究中国古代社会情况、儒家学说和文物制度的重要资料。《礼记》章法严谨，位居“三礼”之首。

《春秋》

中国现存第一部编年体史书，相传孔子依据鲁国史官所编鲁史加以整理修订而成。后来出现了很多对《春秋》所记载的历史进行补充、解释和说明的作品，被称为“传”，代表作品是被称为“春秋三传”的《左传》《公羊传》《穀梁传》。《春秋》文字简短，相传每个句子都暗含褒贬之意，被后人称为“春秋笔法”“微言大义”。

中国传统启蒙教材

《千字文》

南北朝时期梁朝散骑侍郎、给事中周兴嗣编纂，由一千个汉字组成的韵文（押韵、对仗的文字）。《千字文》是中国古代的蒙学课本，是以识字为主的综合性教材，涵盖了天文、地理、自然、社会、历史等多方面的知识。全文对仗工整，条理清晰，它的长处后来被《三字经》所吸取。

《百家姓》

一部关于汉字姓氏的作品。书中原收集姓氏 411 个，后增补到 504 个，其中单姓 444 个，复姓 60 个，为“尊国姓”而以“赵”居首。《百家姓》采用四言体例，对姓氏进行了排列，且句句押韵，对中国姓氏文化的传承、中国文字的认识等方面都产生了巨大影响。

《三字经》

通行本 1 200 多字，分为教学之要、幼学之序、读书次第、勤学典范、为学效果五部分。其文三字一句，朗朗上口，与《百家姓》《千字文》并称为中国传统蒙学三大读物，合称“三百千”。《三字经》的核心思想包括“仁、义、诚、敬、孝”，内容包含了生活常识、传统国学、历史故事、天文地理、人伦义理等，可谓“熟读《三字经》，可知千古事”。

上古奇书

《山海经》

成书于战国时期至汉代初期，包含着关于上古地理、历史、神话、天文、动物、植物、医学等方面的诸多内容，是一部上古社会的百科全书。《山海经》记录了大荒时期人们的生活状况与思想活动，勾勒出了上古时期的文明及文化状态，为后世提供了许多有用的信息。

《黄帝内经》

现分为《素问》《灵枢》两书，是中国现存成书最早的一部医学典籍，也是传统医学四大经典著作之一。成书年代约在先秦至西汉间，其基本素材来源于中国古人对生命现象的长期观察、大量的临床实践以及简单的解剖学知识，是研究人的生理学、病理学、诊断学、治疗原则和药物学的医学巨著。

古代农学、医学著作

《齐民要术》

成书于北魏年间，作者是贾思勰。它是中国现存最早的综合性农学著作。全书系统地总结了古代黄河中下游地区劳动人民的农牧业生产经验以及食品的加工与贮藏、野生植物的利用、治荒等方面的方法，详细介绍了季节、气候、土壤与农作物的关系，被誉为“中国古代农业百科全书”。

《农政全书》

作者是明代的徐光启，成书于明朝万历年间。该书全面总结了中国古代农业生产的先进经验、技术革新和作者关于农学的研究成果。该书蕴含的“农政”思想是《农政全书》不同于其他古代农学著作的特色之所在。

《伤寒杂病论》

成书于东汉时期，是一部以论述外感病与内科杂病为主要内容的医学典籍，由“医圣”张仲景撰写。

《本草纲目》

中国药物学名著，由明代医药学家李时珍编撰。全书共 52 卷，载有药物 1 892 种、药方 11 096 个，还绘制了 1 100 多幅精美的插图，被国外学者誉为“东方药学巨典”。

古代军事、地理著作

《孙子兵法》

春秋时期的军事著作，是现存最早的兵书，被后世奉为“兵学圣典”和“古代第一兵书”。它在我国古代军事学术和战争实践中，都发挥着极其重要的指导作用。

《三十六计》

包含中国古代三十六个兵法策略，成书于明清时期。它是根据中国古代军事思想和丰富的斗争经验总结而成的兵书。该书影响范围已超越了军事领域，广泛地运用在经济、生活、外交等各个领域之内，对后世有着深远的影响。

《水经注》

因注《水经》而得名。《水经注》看似为《水经》之注，实则以《水经》为纲，详细记载了一千两百多条大小河流及有关的历史遗迹、人物掌故、神话传说等，是中国古代最全面、最系统的综合性地理著作。

《徐霞客游记》

明代地理学家徐霞客创作的一部散文游记。该书对水文、地质、植物等均做了详细记录，是系统考察中国地貌地质的开山之作。此外，优美的文字也使之成为文学佳作。因而，这部著作在地理学和文学上都有着重要的价值。

史书类著作

《左传》

原名《左氏春秋》，亦称《春秋左氏传》，旧传此书由春秋时期左丘明所作，近人认为是战国时人所编。此书中保留了大量的古代史料，是一部中国古代史学和文学名著。它是儒家重要经典之一，是历代儒客学子重点研习的史书，与《公羊传》《穀梁传》合称“春秋三传”。《左传》在艺术上有较高的价值，善于叙事和描写战争，亦善于刻画人物，为后人所推崇。

《战国策》

战国时游说之士的策谋和言论的汇编。初有《国策》《国事》《事语》《短长》《长书》《修书》等名称和本子，西汉末刘向将其编订为三十三篇。《战国策》善于述事明理，富于文采，对中国两汉以来史传文、政论文的发展有相当影响。

《史记》

中国历史上第一部纪传体通史，最初称为《太史公书》，由西汉史学家司马迁撰写。作品中记述了上至上古传说中的黄帝时代，下至汉武帝太初四年间共 3 000 年左右的历史。鲁迅评价它是“史家之绝唱，无韵之《离骚》”。其中比较有名的典故有：焚书坑儒、指鹿为马、鸿门宴、破釜沉舟、霸王别姬、四面楚歌、负荆请罪、毛遂自荐、卧薪尝胆、一言九鼎、纸上谈兵、田忌赛马等。

《后汉书》

由南朝宋范晔撰写，全书主要记述了东汉建武元年至建安二十五年，共195年的史事，与《史记》《汉书》《三国志》合称“前四史”。其结构严谨，编排有序，大部分内容沿袭了《史记》《汉书》的体例。

《三国志》

二十四史之一，由西晋陈寿撰写，共六十五卷，记述魏、蜀、吴三国历史，是一部纪传体断代史。三国志最早以《魏书》《蜀书》《吴书》三书单独流传。为了避免曹魏的《魏书》与南北朝时期北魏的《魏书》相互混淆，北宋王朝在咸平六年将三书合为一书，最终成书。因此《三国志》是三国分立结束后文化重新整合的产物，它完整地记叙了自汉末至晋初近百年间中国由分裂走向统一的历史全貌。

《资治通鉴》

北宋司马光主持编纂的一部编年体史书，与司马迁的《史记》并列为中国史学的不朽巨著，司马光与司马迁二人也正是所谓的“史学两司马”。《资治通鉴》中引用的史料极为丰富，除了十七史之外，还有各种杂史、私人撰述等。据《四库提要》记载，《资治通鉴》引用前人著作三百四十种左右，可见其取材广泛，具有极高的史料价值。

四大名著

《水浒传》

又名《忠义水浒传》，一般认为是施耐庵所作。该书为章回体长篇小说，全书通过描写梁山好汉反抗欺压和受宋朝招安，以及受招安后为宋朝征战、最终消亡的宏大故事，反映了封建统治阶级的腐朽与残暴，深刻揭示了起义的社会根源和起义失败的历史原因。

《三国演义》

又名《三国志通俗演义》，是元末明初小说家罗贯中根据陈寿《三国志》和裴松之注解以及民间三国故事传说进行艺术加工创作而成的长篇章回体历史演义小说。小说反映了东汉末年及三国时期魏、蜀、吴三个封建统治集团间的矛盾斗争，塑造了一批叱咤风云的英雄人物。

《西游记》

中国古代第一部浪漫主义章回体长篇神魔小说，作者是吴承恩。《西游记》是中国神魔小说的经典之作，达到了古代长篇浪漫主义小说的巅峰，该小说以“玄奘取经”这一历史事件为蓝本，经作者的艺术加工，深刻地描绘出明代百姓的社会生活状况，反映社会矛盾，歌颂了孙悟空的顽强斗争精神。

《红楼梦》

原名《石头记》，前八十回为清代曹雪芹所作，据说后四十回为高鹗（è）续写。小说以贾宝玉与林黛玉、薛宝钗的爱情婚姻悲剧为主线，展现了真正的人性美和悲剧美。《红楼梦》是一部具有世界影响力的人情小说、中国封建社会的百科全书、传统文化的集大成者。

第三部分　中国现当代人物篇

思维导图

中国现当代人物

- 鲁　迅
- 叶圣陶
- 茅　盾
- 朱自清
- 丰子恺
- 老　舍
- 冰　心
- 沈从文
- 巴　金
- 臧克家

- 艾　青
- 钱锺书
- 曹　禺
- 萧　红
- 林海音
- 魏　巍
- 冯骥才
- 毕淑敏
- 贾平凹
- 莫　言

鲁迅

（1881—1936）

原名： 周树人

字： 豫才

身份： 文学家、思想家、革命家、教育家、民主战士，新文化运动的重要参与者，中国现代文学的奠基人之一

代表作：《彷徨》《呐喊》《朝花夕拾》

积累

1. 其实地上本没有路，走的人多了，也便成了路。
2. 惟有民魂是值得宝贵的，惟有他发扬起来，中国才有真的进步。

叶圣陶

（1894—1988）

名： 绍钧

身份： 作家、教育家、出版家、社会活动家，有“优秀的语言艺术家”之称

代表作：《稻草人》《倪焕之》

积累

1. 今日事今日毕，不失信于自己。
2. 积千累万，不如养个好习惯。养成好习惯，一辈子受益；养成坏习惯，一辈子吃亏。
3. 一辈子坚持自学的人，就是一辈子自强不息的人。

茅盾

（1896—1981）

原名：沈德鸿

字：雁冰

身份：作家、文学评论家、文化活动家、社会活动家，中国科学院学部委员

代表作：《野蔷薇》《霜叶红似二月花》《林家铺子》《春蚕》《秋收》《白杨礼赞》

积累

1. 书本上的知识而外，尚须从生活的人生中获得知识。

2. 我们这一辈人本来谁也不曾走过平坦的路，不过，摸索而碰壁，跌倒了又爬起，迂回而前进，这却各人有各人不同的经验。

3. 在命运的网里，人们的努力是不一定有怎样多的成效如所预期。可是这命运观又和自然派的命运论有些不同。这命运观里很含着奋斗不懈的精神。

朱自清

（1898—1948）

原名：朱自华

字：佩弦

身份：散文家、诗人、学者、民主战士

代表作：《背影》《绿》《荷塘月色》《春》《匆匆》

积累

1. 但得夕阳无限好，何须惆怅近黄昏。

2. 气是敢作敢为，节是有所不为。

3. 沉默是一种处世哲学，用得好时，又是一种艺术。

丰子恺

（1898—1975）

原名：丰润

身份：书画家、文学家、音乐教育家、翻译家、漫画家，被誉为“现代中国最艺术的艺术家”“中国现代漫画的鼻祖”

代表作：《缘缘堂随笔》《缘缘堂再笔》《随笔二十篇》

积累

1. 宁做流浪汉，不做亡国奴。
2. 人生有三层楼：第一层是物质生活，第二层是精神生活，第三层是灵魂生活。
3. 大事难事，看担当；逆境顺境，看胸襟；是喜是怒，看涵养；有舍有得，看智慧；是成是败，看坚持。

老舍

（1899—1966）

原名：舒庆春

字：舍予

身份：作家、语言大师、人民艺术家，曾任中国文联副主席等职，是新中国第一位获得“人民艺术家”称号的作家

代表作：《骆驼祥子》《四世同堂》《茶馆》

积累

1. 人是为明天活着的，因为记忆中有朝阳晓露。
2. 我们必须像一座山，既满生着芳草香花，又有极坚硬的石头。
3. 文章不怕朴实，朴实也会生动，也会有色彩。

冰心

（1900—1999）

原名：谢婉莹

身份：诗人、作家、翻译家、社会活动家

代表作：《繁星》《春水》《两个家庭》

积累

1. 命运如同海风，吹着青春的舟，飘摇地曲折地渡过了时间的海。
2. 青春活泼的心，决不作悲哀的留滞。
3. 墙角的花，你孤芳自赏时，天地便小了。

沈从文

（1902—1988）

原名：沈岳焕

身份：作家、历史文物研究者

代表作：《边城》《长河》《唐宋铜镜》《龙凤艺术》

积累

1. 凡是历史上固定存在的，无不依旧存在，习惯上进行的大小事情，无不依旧照常进行。
2. 每一只船总要有个码头，每一只雀儿得有个巢。
3. 人的生命会忽然泯灭，而纯挚无私的友情却长远坚固永在，且无疑能持久延续，能发展扩大。

巴金

（1904—2005）

原名：李尧棠

字：芾甘

身份：现代文学家、翻译家、出版家

代表作：《家》《寒夜》《随想录》

积累

1. 理想不抛弃苦心追求的人，只要不停止追求，你们会沐浴在理想的光辉之中。
2. 我之所以写作，不是我有才华，而是我有感情。
3. 生命，无处不是生命。

臧克家

（1905—2004）

笔名：少全、何嘉

身份：诗人、作家、编辑家

代表作：《烙印》《罪恶的黑手》《古树的花朵》《凯旋》

积累

1. 有的人活着，他已经死了；有的人死了，他还活着。
2. 只要春风吹到的地方，到处是青青的野草。
3. 读过一本好书，就像交了一个益友。

艾青

（1910—1996）

原名：蒋海澄

身份：诗人、画家

代表作：《大堰河——我的保姆》《北方》《向太阳》

积累

1. 时间顺流而下，生活逆水行舟。
2. 人间没有永恒的黑夜，世界没有永恒的冬天。
3. 嫉妒，是心灵上的肿瘤。

钱锺书

（1910—1998）

字：默存

身份：学者、作家，被誉为"博学鸿儒""文化昆仑"，与饶宗颐并称"南饶北钱"

代表作：《围城》《猫》《槐聚诗存》《写在人生边上》

积累

1. 我们对采摘不到的葡萄，不但想象它酸，也很可能想象它是分外的甜。
2. 婚姻是一座围城，城外的人想进去，城里的人想出来。
3. 春天是该镶嵌在窗子里看的，好比画配了框子。

曹禺

（1910—1996）

原名：万家宝

身份：剧作家

代表作：《雷雨》《日出》《原野》《北京人》《艳阳天》

积累

1. 这就是生活啊，让你想想忍不住想哭，想想又忍不住想笑。

2. 长相知，才能不相疑；不相疑，才能长相知。

萧红

（1911—1942）

原名：张迺（nǎi）莹

身份：作家，“民国四大才女”之一，被誉为“20 世纪 30 年代的文学洛神”

代表作：《弃儿》《生死场》《马伯乐》《呼兰河传》

积累

1. 满天星光，满屋月亮，人生何如，为什么这么悲凉。

2. 理想的白马骑不得，梦中的爱人爱不得。

林海音

（1918—2001）

原名：林含英

身份：作家

代表作：《窗》《城南旧事》《晓云》

积累

1. 爸爸的花儿落了。我已不再是小孩子。

2. 我分不清海跟天，也分不清好人跟坏人。你分得清海跟天吗？

魏巍

（1920—2008）

原名：魏鸿杰

身份：诗人、小说家

代表作：《谁是最可爱的人》《东方》

积累

1. 在我们的时代里，任何平凡的工作，都具有不平凡的意义，任何平凡的劳动都可以创造出不平凡的奇迹。

2. 战争啊，最激烈的战争，与其说是在炮火弥天的战场上，毋宁说是在女人们的心中。

冯骥才

（1942— ）

身份：作家、画家、社会活动家

代表作：《神灯前传》《铺花的歧路》《雕花烟斗》

积累

1. 我是伞，招呼你来一同躲避世间的风雨。

2. 生命是以时间为载体的，世界上唯一阻挡不住的是时间。

3. 风可以吹走一张白纸，却不能吹走一只蝴蝶。因为生命的力量在于不顺从。

毕淑敏

（1952— ）

身份：作家、医生

代表作：《昆仑殇》《预约死亡》《红处方》《血玲珑》

积累

1. 世界本来就是不完美的，我们不过是顺势而为！

2. 世上万物皆有种子。幸福会有种子，悲伤会有种子，甚至厄运也会有种子。旅游，也是有种子的。

贾平凹

（1952—）

原名：贾平娃

身份：作家

代表作：《商州》《浮躁》《废都》《白夜》《秦腔》

积累

1. 生活是文学创作的源泉。
2. 只有弱者才喜欢群居，所以才有芸芸众生。

莫言

（1955—）

原名：管谟业

身份：作家，首位中国籍诺贝尔文学奖获得者

代表作：《红高粱家族》《丰乳肥臀》《蛙》《生死疲劳》《檀香刑》

积累

1. 凡事总有限度，一旦过度，必受惩罚，这是朴素的人生哲学，也是自然界诸多事物的规律。
2. 别人看到的是鞋，自己感受到的是脚，切莫贪图了鞋的华贵，而委屈了自己的脚。

第四部分 中国现当代作品篇

思维导图

中国现当代作品

- 小说
  - 《呐喊》
  - 《彷徨》
  - 《激流三部曲》
  - 《骆驼祥子》
  - 《边城》
  - 《呼兰河传》
  - 《城南旧事》
  - 《草房子》
  - 《小兵张嘎》
- 剧作
  - 《雷雨》
  - 《茶馆》
- 诗歌
  - 《尝试集》
  - 《繁星》
  - 《春水》
  - 《女神》
- 散文
  - 《朝花夕拾》
  - 《寄小读者》
  - 《海行杂记》
  - 《一些印象》

小说

《呐喊》

《呐喊》收录了鲁迅从1918年至1922年所创作的15篇小说，1篇《自序》，后删去《不周山》，其中有《狂人日记》《孔乙己》《药》《明天》《一件小事》《头发的故事》《风波》《故乡》《阿Q正传》《端午节》《白光》《兔和猫》《鸭的喜剧》《社戏》。《少年闰土》便是节选于《故乡》。这部短篇小说集反映了从辛亥革命到五四运动时期中国社会被压迫者的悲惨生活和命运，揭示了种种深层次的社会矛盾，表达了作者对社会变革的强烈期盼。

《彷徨》

《彷徨》是鲁迅的第二部小说集，共收录了其1924年至1925年所创作的11篇小说，其中包括《祝福》《在酒楼上》《伤逝》等。作品表达了作者彻底的不妥协地反对封建主义的精神，是中国革命思想的镜子。作品主要包括农民和知识分子两类题材。前者以《祝福》和《示众》为代表；后者以《在酒楼上》和《孤独者》为代表。《彷徨》深刻剖析并批判了生活在“旧中国”的中国人的精神状况，尤其在五四运动时期，对中国人的思想启蒙具有革命性意义。除此之外，该作品对新旧文学的转型起到了“开路先锋”的作用，批判了旧一代的文学艺术，引领了新一代文学形式的发展。

《激流三部曲》

《激流三部曲》是巴金创作的长篇系列小说，包括《家》《春》《秋》三部作品。他以成都为背景，描写了20世纪初封建大家庭高家四代人的生活。记述了一个封建大家庭走向分化与衰落，以觉新、觉民、觉慧几个年轻人为代表，冲破封建宗法束缚，走向新生活的过程，描绘出封建宗法制度的崩溃和革命潮流在青年一代中掀起的改变旧生活的伟大力量。

《骆驼祥子》

《骆驼祥子》是老舍所著的长篇小说，以20世纪20年代的北平城为背景，描写了一个外号“骆驼”、名叫“祥子”的人力车夫三起三落的人生经历，反映了生活在城市最底层的广大劳动人民的痛苦，暴露了旧社会的罪恶。这部作品以主要人物祥子为中心，围绕祥子的行动交叉着两条线索：一条是祥子“拉车”“买上自己的车”，写他怎样为做个自由车夫，刻苦努力、不断挣扎，到头来希望破灭，陷入更加苦难的深渊，这是主线。另一条是祥子与虎妞、小福子、夏太太等异性的纠葛，这是次线，但它与主线拧成一股，不断推进情节的发展。

《边城》

《边城》是沈从文创作的中篇小说，该小说以20世纪30年代川湘黔三省交界的边城小镇茶峒为背景，描写了船家少女翠翠的美好感情故事，展现了湘西地区特有的风土人情以及人性的美好善良。小说充满了细腻的心理描写和诗画般的环境描写。在心理描写中，主角翠翠纯真无邪的心理世界被描绘得生动自然，令人印象深刻。另外，湘西清新秀丽的环境描写如诗如画，与翠翠的情感世界完美融合，进一步突出了小说的艺术魅力。小说中的风习描述充满诗情画意，寄托了沈从文“美”与“爱”的美学理想。

《呼兰河传》

《呼兰河传》是萧红的长篇小说，作品以作者自己的童年生活为主线，记叙了呼兰这座小城的社会风貌和人间百态。《火烧云》和《祖父的园子》这两篇文章都选自这本书。小说的叙述方式具有显著的散文特质，故事情节没有明确的起伏转折，七个章节独立成章，可以独立阅读。同时，《呼兰河传》的叙述模式也弥漫着散文的情调，其中的情感表达形式丰富多彩，有时借用景色来表达情感，有时将情感融入叙事当中，感情强烈时更是毫无保留地直抒胸臆。这种散文化的叙述使得小说读起来如流水般自然，充满了生活气息。小说以儿童视角进行叙述，在描写童年往事时有童真的一面，同时以儿童视角描写成年人的世界，呈现出呼兰小城残酷的一面，展现了落后思想对人们的戕（qiāng）害。

《城南旧事》

《城南旧事》是林海音 1960 年出版的一部自传体小说。作品以其 7 岁到 13 岁的生活为背景，描写了 20 世纪 20 年代末北京城南的一座四合院里，英子温暖和睦的一家。通过小姑娘英子童稚的眼睛，来看当时北京形形色色的人和事。看似细小的描写，既反映了作者对童年的怀念和对北京城南的思念，又反映了当时北京的整个历史面貌，具有极强的社会意义。

《草房子》

《草房子》是曹文轩创作的一部长篇小说。小说发生在油麻地，故事通过对主人公男孩桑桑刻骨铭心而又终生难忘的6年小学生活的描写，讲述了5个孩子（桑桑、秃鹤、杜小康、细马、纸月）和油麻地的老师蒋一轮、白雀，以及老人秦大奶奶的故事。全书展现了孩子们在成长中经历的苦难和人性的光辉，给人留下无尽的感动与思考。

《小兵张嘎》

《小兵张嘎》是儿童文学家徐光耀创作的革命小说，以“一级战斗英雄”燕秀峰为原型，讲述了在抗日战争时期，河北省白洋淀边一个小水庄子里，有一个名叫张嘎的十二三岁的男孩子，在严酷的战争环境中、在革命队伍的培养下锻炼成长的故事。

诗歌

《尝试集》

《尝试集》是胡适的代表作品，是现代文学史上的第一部白话诗集，1920年出版。《尝试集》共三编，共收诗六十四首。第一编是留美时期的作品，“很接近旧体诗”；第二编是1917年回国至1919年年底写的诗，前八首还带着浓厚的词曲味，后面作品渐渐作成新诗的样子；第三编是新诗。作品或揭露封建军阀的黑暗统治和旧礼教的虚伪，或表现个性解放和积极进取精神，或歌颂劳工神圣。《尝试集》充满了矛盾，显示出了从传统诗词中脱胎、蜕变，逐渐寻找、试验新诗形态的艰难过程。

《繁星》

《繁星》是冰心的第一部诗集，诗集收录了诗人1919年冬至1921年秋所写的164首小诗，最初发表于北京的《晨报》。《繁星》是冰心在印度诗人泰戈尔的《飞鸟集》的影响下写成的，用作者冰心的话说，就是将一些“零碎的思想”收集在一个集子里。总的来说它们大致包括三个方面的内容：一是对母爱与童真的歌颂；二是对大自然的崇拜和赞颂；三是对人生的思考和感悟。

《春水》

《春水》是《繁星》的姊妹篇，由182首小诗组成。在《春水》里，冰心虽然仍旧在歌颂母爱，歌颂亲情，歌颂童心，歌颂大自然，但是，她却用了更多的篇幅，来含蓄地表述她本人和她那一代青年知识分子的烦恼和苦闷。她用微带着忧愁的温柔的笔调，述说着心中的感受，同时也在探索着生命的意义和表达着要认知世界本相的愿望。

《女神》

《女神》是郭沫若所作的诗集，收录了其 1918 年到 1921 年之间的主要诗作，连同序诗共 57 篇，多为诗人留学日本时所作。其中代表诗篇有《凤凰涅槃》《女神之再生》《炉中煤》《日出》《笔立山头展望》《地球，我的母亲！》《天狗》《晨安》《立在地球边上放号》等。在诗歌形式上，这些诗突破了旧格套的束缚，创造了雄浑奔放的自由诗体，为“五四”以后自由诗的发展开拓了新的天地，成为中国新诗的奠基之作。《女神》也是郭沫若的代表作。

剧作

《雷雨》

《雷雨》是曹禺创作的一部话剧，以1925年前后的中国社会为背景，描写了一个带有浓厚封建色彩的资产阶级家庭的悲剧。剧中以两个家庭、八个人物、三十年的恩怨为主线，所有的矛盾都在雷雨之夜爆发，在叙述家庭矛盾纠葛、怒斥封建家庭腐朽顽固的同时，反映了更为深层的社会及时代问题。该剧情节扣人心弦，语言精炼含蓄，人物各具特色，是“中国话剧现实主义的基石”，中国现代话剧成熟的里程碑。

《茶馆》

《茶馆》是老舍极具代表性的作品，也是中国话剧史上的经典之一。剧作展示了戊戌变法、军阀混战和新中国成立前夕三个时代近半个世纪的社会风云变化。揭示了近半个世纪中国社会的黑暗腐败、光怪陆离，以及在这个社会中的芸芸众生。剧本中出场的人物近50人，除茶馆老板之外，有吃皇粮的旗人、办实业的资本家、清宫里的太监、信奉洋教的教士、穷困潦倒的农民，以及特务、打手、警察、流氓、相士等，人物众多但性格鲜明，能够“闻其声知其人”，“三言两语就勾出一个人物形象的轮廓来”。作品通过茶馆老板王利发对祖传“裕泰茶馆”的惨淡经营，描写他虽然精明圆滑、呕心沥血，但终是挡不住衰败的结局，从侧面反映了当时社会的走向。

散文

《朝花夕拾》

《朝花夕拾》原名《旧事重提》，是鲁迅唯一一部回忆性散文集。文集收录了鲁迅在 1926 年创作的 10 篇回忆性散文，包括《狗·猫·鼠》《阿长与〈山海经〉》《二十四孝图》《五猖会》《无常》《从百草园到三味书屋》《父亲的病》《琐记》《藤野先生》《范爱农》。其较为完整地记录了他从幼年到青年时期的生活经历和思想，以及抒发了作者对往日亲友、师长的怀念之情。

《寄小读者》

《寄小读者》是冰心创作的散文集，共 29 篇，主要是关于从中国到美国、在美国留学期间和从美国返回中国的游记，在这一叙述过程中，嵌套着在日本神户、横滨和东京的游记，无论是对日本见闻的表述，还是对美国生活的记录，都是一个海外游历的青年中国人身居异乡的一些生活感受，这是冰心最初要通过书信告诉小读者的内容。此外，作品中也抒发了冰心病中的感受，以及对故乡、亲人的思念，对祖国的热爱。

《海行杂记》

《海行杂记》是巴金 1927 年年初从上海出发乘海轮去法国留学的旅途记录。作为“一部生活的记录”，其最初并非为发表而写，巴金说：“我为我的两个哥哥写这本游记，使他们明白我怎样在海上度过了一些光阴，并且让他们也领略一些海行的趣味。”他把旅程见闻整理成《海行杂记》39 篇，《海上日出》就是其中一篇。

《一些印象》

《一些印象》是老舍所作，全文共 7 篇，分别为《到了济南》《济南的秋天》《济南的冬天》《“齐鲁”风光》《济南印象，诗三首》。《到了济南》幽默地叙述了初到济南的趣闻。《济南的秋天》《济南的冬天》《“齐鲁”风光》《济南印象，诗三首》是一组优美的写景抒情的散文，以娴熟的笔法、优美的语言描绘了济南的秋天是一个“静美的诗境”，济南的冬天像一幅“小水墨画”。老舍把他的第二故乡济南活脱脱地写进他的散文里了。他用了一种近乎诗的语言，把一个遥远的如梦如幻的老城，整个地由远而近地推到读者面前。

第五部分 中国古代文化常识篇

思维导图

中国古代文化常识

- 古代历法：纪年法 纪月法 纪日法 纪时法
- 传统节日：春节 元宵节 寒食节 清明节 端午节 七夕节 中元节 中秋节
- 二十四节气：二十四节气歌 二十四节气的来历
- 飞花令：诗中春 诗中夏 诗中秋 诗中冬 诗中日 诗中月 诗中雨 诗中雪 诗中云 诗中风 诗中江 诗中河 诗中山 诗中水 诗中花 诗中草 诗中舟 诗中柳
- 琴棋书画：琴 棋 书 画
- 中国传统乐器：笙 筝 箜篌 编钟 缶 磬 琵琶 笛子 洞箫 二胡 葫芦丝
- 古典名曲：《高山流水》《广陵散》《平沙落雁》《梅花三弄》《十面埋伏》《春江花月夜》《渔樵问答》《胡笳十八拍》《汉宫秋月》《阳春白雪》
- 民间艺术：年画 剪纸 雕塑 风筝 刺绣
- 古代地理：地名古称 区域划分 地理名词
- 建筑古迹：四大名楼 四大石窟
- 花式称谓：君臣谦称 君臣敬称 家族谦称 家族敬称 人群称谓 人际关系称谓
- 常用意象：植物 动物 器物 自然景观
- 俗语：二字俗语 三字俗语 四字俗语 五字俗语 六字俗语 七字俗语 八字俗语 九字俗语 十字及十字以上俗语
- 四大发明：造纸术 印刷术 指南针 火药
- 武术：少林功夫 太极拳

古代历法

纪年法

干支纪年法：十天干和十二地支两两配对，依次组成六十组，一组代表一年，以六十年为一个循环。甲午战争、戊戌变法这些历史事件就是通过干支纪年法来命名的。

天干	甲	乙	丙	丁	戊	己	庚	辛	壬	癸		
地支	子	丑	寅	卯	辰	巳	午	未	申	酉	戌	亥

年号纪年法：汉武帝起开始有年号。此后每个皇帝即位一般都要改元，并以年号纪年，且多是有多个年号。如“贞观”是唐太宗的年号，“康熙”是清圣祖的年号。

生肖纪年法：这是我国民间推行的一种与干支密切相关的纪年方法。用十二种动物代表十二地支，比如申为猴，凡是含有申的年份都被称为猴年，在这一年里出生的人都属“猴”。

地支	子	丑	寅	卯	辰	巳	午	未	申	酉	戌	亥
年名	鼠	牛	虎	兔	龙	蛇	马	羊	猴	鸡	狗	猪

纪月法

序数纪月法：以序数纪月，将一年分成十二个月，称之为一月、二月、三月……

时节纪月法：每个季节里的三个月分别用孟、仲、季代称，如一月是孟春，二月是仲春，三月是季春。

纪日法

序数纪日法（大月三十日，小月二十九日）：初一、初二、初三、初四、初五、初六、初七、初八、初九、初十、十一、十二、十三……二十九、三十。

月相纪日法：指用“朔（shuò）、朏（fěi）、望、既望、晦”等表示月相的特称来纪日。每月第一天叫“朔”，每月初三叫“朏”，月中叫“望”（小月十五日，大月十六日），“望”后这一天叫“既望”，每月最后一天叫“晦”。

纪时法

地支纪时法：用十二地支表示一天的十二个时辰，一个时辰等于现代的两个小时。

天色纪时法：根据天色的变化，将一个昼夜分成若干时段。

时辰	子时	丑时	寅时	卯时	辰时	巳时	午时	未时	申时	酉时	戌时	亥时
时间	23~1点	1~3点	3~5点	5~7点	7~9点	9~11点	11~13点	13~15点	15~17点	17~19点	19~21点	21~23点
天色	夜半	鸡鸣	平旦	日出	食时	隅中	日中	日昳	晡时	日入	黄昏	人定

传统节日

春节

别名：年、岁首、新春等

时间：农历正月初一

习俗：贴春联、拜年、放爆竹、祭祖等

饮食：年糕、饺子、元宵、春卷

起源：传统的农耕社会，万象更新的立春岁首具有重要意义，衍生了大量与之相关的岁首节俗文化。春节是由岁首祈岁祭祀演变而来，古人在春回大地、终而复始、万象更新的岁首，举行祭祀活动报祭天地众神、祖先的恩德，驱邪攘灾、祈岁纳福。

积累

爆竹声中一岁除，春风送暖入屠苏。千门万户曈曈日，总把新桃换旧符。

——[宋]王安石《元日》

元宵节

别名：上元节、天官节、元夕、灯节等

时间：农历正月十五

习俗：猜灯谜、打太平鼓、放烟花等

饮食：元宵

起源：开灯祈福

积累

灯火钱塘三五夜。明月如霜，照见人如画。

——[宋]苏轼《蝶恋花·密州上元》

寒食节

别名：禁烟节、冷节、禁火节、百五节等

时间：清明节前一日

习俗：吃冷食、祭扫、蹴鞠、踏青等

饮食：青精饭、寒食粥、清明果等

起源：春秋时期晋公子重耳（chóng）流亡他国，介子推始终不离不弃。后重耳归国得权，想封赏介子推，但介子推不求利禄，已归隐于绵山。晋文公放火烧山以迫其出山，介子推拒不出山，终被火焚而亡。晋文公感念忠臣之志，下令每年此时都要禁火寒食，以寄哀思。

积累

春城无处不飞花，寒食东风御柳斜。

——［唐］韩翃《寒食》

清明节

别名：踏青节、行清节、三月节、祭祖节等

时间：公历 4 月 4 日至 6 日之间

习俗：祭祖扫墓、郊游踏青等

饮食：青团、冷饽饽等

起源：二十四节气之一“清明”

积累

清明时节雨纷纷，路上行人欲断魂。

——［唐］杜牧《清明》

端午节

别名：端阳节、龙舟节、重午节等

时间：农历五月初五

习俗：划龙舟、挂艾草与菖蒲、戴香囊、拴五色丝线等

饮食：粽子、雄黄酒、咸鸭蛋等

起源：端午节的由来说法众多，较为普遍的说法是纪念屈原。传说屈原在五月初五跳汨（mì）罗江自尽，后人便将这天作为纪念屈原的节日。此外还有纪念伍子胥、曹娥及介子推等说法。

积累

五色新丝缠角粽，金盘送，生绡画扇盘双凤。

——［宋］欧阳修《渔家傲·五月榴花妖艳烘》

七夕节

别名：七巧节、七娘会、七夕祭、女儿节、乞巧节等

时间：农历七月初七

习俗：拜七姐、接露水、斗巧、祈祷姻缘等

饮食：巧果、云面、酥糖等

起源：源于古代的星宿崇拜，人们将“牛宿星”与“织女星”合称为“牛郎织女”，传说牛郎织女会在每年的七月初七于天上的鹊桥相会。

积累

家家乞巧望秋月，穿尽红丝几万条。

——［唐］林杰《乞巧》

中元节

别名：七月半、吉祥月、盂兰盆节、施孤、斋孤等

时间：农历七月十五或十四

习俗：祭祖、放河灯、祀亡魂、焚纸锭等

饮食：鸭肉、茄饼等

起源：丰收祭祖

积累　绛节飘飖宫国来，中元朝拜上清回。

——［唐］李商隐《中元作》

中秋节

别名：月夕、秋节、拜月节、仲秋节等

时间：农历八月十五

习俗：祭月、赏月、猜谜等

饮食：月饼、桂花糕、桂花酒等

起源：源自天象崇拜，由上古时代秋夕祭月演变而来。

积累　今夜月明人尽望，不知秋思落谁家。

——［唐］王建《十五夜望月》

二十四节气

二十四节气是中国古老的气象文化，指的是将一年平均分为二十四个节气，每个节气表示太阳经过黄道上位置的变化。

二十四节气歌

春雨惊春清谷天，夏满芒夏暑相连。
秋处露秋寒霜降，冬雪雪冬小大寒。
每月两节不变更，最多相差一两天。
上半年来六廿一，下半年是八廿三。

二十四节气的来历

二十四节气在天文学上是根据地球在黄道上的位置变化而制定的。古人一开始并没有发现地球是绕着太阳旋转的，那么二十四节气是怎么来的呢？原来，古人是通过一个名叫土圭的简单工具，观测日影的长度，发现影子的长短会根据时间的推移而循环变化。于是，人们将影子最短的一天定为夏至，又称日北至，影子最长的一天定为冬至，又称日南至；而后又将昼夜等长的两天分别定为春分和秋分。在商朝时，只有以上提到的四个节气，当时分别叫仲春、仲夏、仲秋、仲冬。周朝时期，节气发展到八个，多出了立春、立夏、立秋和立冬，作为四季的开始。到了秦汉年间，二十四节气的概念就已经形成了。

飞花令

飞花令：古人行酒令时玩的一种文字游戏，源自古人的诗词之趣，得名于唐代诗人韩翃（hóng）《寒食》中的名句“春城无处不飞花”。行飞花令时可选用诗和词，也可用曲，但选择的句子一般不超过七个字。

诗中春

春眠不觉晓，处处闻啼鸟。（孟浩然《春晓》）

好雨知时节，当春乃发生。（杜甫《春夜喜雨》）

不知细叶谁裁出，二月春风似剪刀。（贺知章《咏柳》）

春色满园关不住，一枝红杏出墙来。（叶绍翁《游园不值》）

春潮带雨晚来急，野渡无人舟自横。（韦应物《滁州西涧》）

等闲识得东风面，万紫千红总是春。（朱熹《春日》）

红豆生南国，春来发几枝。（王维《相思》）

几处早莺争暖树，谁家新燕啄春泥。（白居易《钱塘湖春行》）

诗中夏

小荷才露尖尖角，早有蜻蜓立上头。（杨万里《小池》）

接天莲叶无穷碧，映日荷花别样红。（杨万里《晓出净慈寺送林子方》）

梅子黄时日日晴，小溪泛尽却山行。（曾几《三衢道中》）

黄梅时节家家雨，青草池塘处处蛙。（赵师秀《约客》）

梅子金黄杏子肥，麦花雪白菜花稀。（范成大《四时田园杂兴〈其二十五〉》）

稻花香里说丰年，听取蛙声一片。（辛弃疾《西江月》）

力尽不知热，但惜夏日长。（白居易《观刈麦》）

人皆苦炎热，我爱夏日长。（李昂《夏日联句》）

诗中秋

银烛秋光冷画屏，轻罗小扇扑流萤。（杜牧《秋夕》）

月落乌啼霜满天，江枫渔火对愁眠。（张继《枫桥夜泊》）

停车坐爱枫林晚，霜叶红于二月花。（杜牧《山行》）

春花秋月何时了，往事知多少。（李煜《虞美人》）

独在异乡为异客，每逢佳节倍思亲。（王维《九月九日忆山东兄弟》）

可怜九月初三夜，露似真珠月似弓。（白居易《暮江吟》）

湖光秋月两相和，潭面无风镜未磨。（刘禹锡《望洞庭》）

八月秋高风怒号，卷我屋上三重茅。（杜甫《茅屋为秋风所破歌》）

诗中冬

窗含西岭千秋雪，门泊东吴万里船。（杜甫《绝句》）

孤舟蓑笠翁，独钓寒江雪。（柳宗元《江雪》）

墙角数枝梅，凌寒独自开。（王安石《梅花》）

千里黄云白日曛，北风吹雁雪纷纷。（高适《别董大》）

北风卷地白草折，胡天八月即飞雪。（岑参《白雪歌送武判官归京》）

白雪却嫌春色晚，故穿庭树作飞花。（韩愈《春雪》）

诗中日

日出江花红胜火，春来江水绿如蓝。（白居易《忆江南》）

白日依山尽，黄河入海流。（王之涣《登鹳雀楼》）

胜日寻芳泗水滨，无边光景一时新。（朱熹《春日》）

锦城丝管日纷纷，半入江风半入云。（杜甫《赠花卿》）

青青园中葵，朝露待日晞。（《汉乐府》）

东边日出西边雨，道是无晴却有晴。（刘禹锡《竹枝词》）

日暮苍山远，天寒白屋贫。（刘长卿《逢雪宿芙蓉山主人》）

接天莲叶无穷碧，映日荷花别样红。（杨万里《晓出净慈寺送林子方》）

诗中月

举头望明月，低头思故乡。（李白《静夜思》）

明月松间照，清泉石上流。（王维《山居秋暝》）

秦时明月汉时关，万里长征人未还。（王昌龄《出塞》）

可怜九月初三夜，露似真珠月似弓。（白居易《暮江吟》）

月出惊山鸟，时鸣春涧中。（王维《鸟鸣涧》）

小时不识月，呼作白玉盘。（李白《古朗月行》）

明月别枝惊鹊，清风半夜鸣蝉。（辛弃疾《西江月》）

人有悲欢离合，月有阴晴圆缺。（苏轼《水调歌头》）

诗中雨

夜来风雨声，花落知多少。（孟浩然《春晓》）

好雨知时节，当春乃发生。（杜甫《春夜喜雨》）

松间沙路净无泥，萧萧暮雨子规啼。（苏轼《浣溪沙》）

春潮带雨晚来急，野渡无人舟自横。（韦应物《滁州西涧》）

七八个星天外，两三点雨山前。（辛弃疾《西江月》）

天街小雨润如酥，草色遥看近却无。（韩愈《早春呈水部张十八员外》）

渭城朝雨浥轻尘，客舍青青柳色新。（王维《送元二使安西》）

南朝四百八十寺，多少楼台烟雨中。（杜牧《江南春》）

诗中雪

梅须逊雪三分白，雪却输梅一段香。（卢钺《雪梅》）

山回路转不见君，雪上空留马行处。（岑参《白雪歌送武判官归京》）

欲将轻骑逐，大雪满弓刀。（卢纶《塞下曲》）

柴门闻犬吠，风雪夜归人。（刘长卿《逢雪宿芙蓉山主人》）

忽如一夜春风来，千树万树梨花开。（岑参《白雪歌送武判官归京》）

诗中云

众鸟高飞尽，孤云独去闲。（李白《独坐敬亭山》）

朝辞白帝彩云间，千里江陵一日还。（李白《早发白帝城》）

黄河远上白云间，一片孤城万仞山。（王之涣《凉州词》）

半亩方塘一鉴开，天光云影共徘徊。（朱熹《观书有感》）

孤山寺北贾亭西，水面初平云脚低。（白居易《钱塘湖春行》）

又疑瑶台镜，飞在青云端。（李白《古朗月行》）

只在此山中，云深不知处。（贾岛《寻隐者不遇》）

远上寒山石径斜，白云生处有人家。（杜牧《山行》）

诗中风

夜来风雨声，花落知多少。（孟浩然《春晓》）

随风潜入夜，润物细无声。（杜甫《春夜喜雨》）

爆竹声中一岁除，春风送暖入屠苏。（王安石《元日》）

野火烧不尽，春风吹又生。（白居易《赋得古原草送别》）

春风又绿江南岸，明月何时照我还。（王安石《泊船瓜洲》）

等闲识得东风面，万紫千红总是春。（朱熹《春日》）

天苍苍，野茫茫，风吹草低见牛羊。（北朝民歌《敕勒歌》）

夜阑卧听风吹雨，铁马冰河入梦来。（陆游《十一月四日风雨大作》）

诗中江

至今思项羽，不肯过江东。（李清照《夏日绝句》）

孤舟蓑笠翁，独钓寒江雪。（柳宗元《江雪》）

野径云俱黑，江船火独明。（杜甫《春夜喜雨》）

朝辞白帝彩云间，千里江陵一日还。（李白《早发白帝城》）

日出江花红胜火，春来江水绿如蓝。（白居易《忆江南》）

竹外桃花三两枝，春江水暖鸭先知。（苏轼《惠崇春江晚景》）

孤帆远影碧空尽，唯见长江天际流。（李白《黄鹤楼送孟浩然之广陵》）

月落乌啼霜满天，江枫渔火对愁眠。（张继《枫桥夜泊》）

诗中河

关关雎鸠，在河之洲。（《诗经·关雎》）

国破山河在，城春草木深。（杜甫《春望》）

飞流直下三千尺，疑是银河落九天。（李白《望庐山瀑布》）

欲渡黄河冰塞川，将登太行雪满山。（李白《行路难》）

蒌蒿满地芦芽短，正是河豚欲上时。（苏轼《惠崇春江晚景》）

黄河远上白云间，一片孤城万仞山。（王之涣《凉州词》）

黄河之水天上来，奔流到海不复回。（李白《将进酒》）

白日依山尽，黄河入海流。（王之涣《登鹳雀楼》）

诗中山

千山鸟飞绝，万径人踪灭。（柳宗元《江雪》）

绿树村边合，青山郭外斜。（孟浩然《过故人庄》）

一水护田将绿绕，两山排闼送青来。（王安石《书湖阴先生壁》）

明月出天山，苍茫云海间。（李白《关山月》）

水是眼波横，山是眉峰聚。（王观《卜算子》）

水何澹澹，山岛竦峙。（曹操《观沧海》）

山重水复疑无路，柳暗花明又一村。（陆游《游山西村》）

欲渡黄河冰塞川，将登太行雪满山。（李白《行路难》）

诗中水

所谓伊人，在水一方。（《诗经·蒹葭》）

远看山有色，近听水无声。（王维《画》）

谁道人生无再少？门前流水尚能西！（苏轼《浣溪沙》）

桃花潭水深千尺，不及汪伦送我情。（李白《赠汪伦》）

天门中断楚江开，碧水东流至此回。（李白《望天门山》）

泉眼无声惜细流，树阴照水爱晴柔。（杨万里《小池》）

青山隐隐水迢迢，秋尽江南草未凋。（杜牧《寄扬州韩绰判官》）

白毛浮绿水，红掌拨清波。（骆宾王《咏鹅》）

诗中花

待到重阳日，还来就菊花。（孟浩然《过故人庄》）

晓看红湿处，花重锦官城。（杜甫《春夜喜雨》）

黄四娘家花满蹊，千朵万朵压枝低。（杜甫《江畔独步寻花》）

接天莲叶无穷碧，映日荷花别样红。（杨万里《晓出净慈寺送林子方》）

夜来风雨声，花落知多少。（孟浩然《春晓》）

桃花潭水深千尺，不及汪伦送我情。（李白《赠汪伦》）

停车坐爱枫林晚，霜叶红于二月花。（杜牧《山行》）

竹外桃花三两枝，春江水暖鸭先知。（苏轼《惠崇春江晚景》）

诗中草

离离原上草，一岁一枯荣。（白居易《赋得古原草送别》）

天苍苍，野茫茫，风吹草低见牛羊。（北朝民歌《敕勒歌》）

蓬头稚子学垂纶，侧坐莓苔草映身。（胡令能《小儿垂钓》）

独怜幽草涧边生，上有黄鹂深树鸣。（韦应物《滁州西涧》）

草长莺飞二月天，拂堤杨柳醉春烟。（高鼎《村居》）

迟日江山丽，春风花草香。（杜甫《绝句》）

茅檐低小，溪上青青草。（辛弃疾《清平乐》）

草满池塘水满陂，山衔落日浸寒漪。（雷震《村晚》）

诗中舟

李白乘舟将欲行，忽闻岸上踏歌声。（李白《赠汪伦》）

孤舟蓑笠翁，独钓寒江雪。（柳宗元《江雪》）

两岸猿声啼不住，轻舟已过万重山。（李白《早发白帝城》）

移舟泊烟渚，日暮客愁新。（孟浩然《宿建德江》）

竹喧归浣女，莲动下渔舟。（王维《山居秋暝》）

君看一叶舟，出没风波里。（范仲淹《江上渔者》）

闲来垂钓碧溪上，忽复乘舟梦日边。（李白《行路难》）

欲济无舟楫，端居耻圣明。（孟浩然《望洞庭湖赠张丞相》）

诗中柳

羌笛何须怨杨柳，春风不度玉门关。（王之涣《凉州词》）

沾衣欲湿杏花雨，吹面不寒杨柳风。（志南《绝句》）

渭城朝雨浥轻尘，客舍青青柳色新。（王维《送元二使安西》）

此夜曲中闻折柳，何人不起故园情。（李白《春夜洛城闻笛》）

两个黄鹂鸣翠柳，一行白鹭上青天。（杜甫《绝句》）

草长莺飞二月天，拂堤杨柳醉春烟。（高鼎《村居》）

最是一年春好处，绝胜烟柳满皇都。（韩愈《早春呈水部张十八员外》）

清江一曲柳千条，二十年前旧板桥。（刘禹锡《杨柳枝》）

琴棋书画

琴

琴，本指琴瑟。据文献记载，伏羲发明琴瑟。琴与瑟均由梧桐木制成，带有空腔，丝绳为弦。琴初为五弦，后改为七弦；瑟二十五弦。由弦数可知瑟的体积比琴大。琴、瑟的主要区别在于演奏的场合不同。传统中琴常在贵宾面前弹拨，客人不说话，全神贯注地看弹琴和听琴声。多用于正式的音乐会场合。瑟被置于屏风后面，用于背景音乐的弹奏。客人围着桌案坐，在音乐声中边闲谈、边吃喝。多用于社交性场合。当然，琴与瑟可以联合起来演奏，琴在台前，瑟在台后。琴离客人近，瑟离客人远。琴瑟开弹前，先有鼓点声，以示引导。古人发明和使用琴瑟的目的是顺畅阴阳之气和纯洁人心。

棋

棋，在古代称为“弈”。下棋不仅是一门技艺，还是一种消遣性的游戏。这类游戏从诞生之日起，就一直在民间流传，几千年来成为人们热衷的休闲娱乐方式。

- **围棋**

关于围棋的起源观点不一，史书里记载围棋发明于 4 000 多年前尧的时代。有人认为，古代的星象图里有成百上千的圈圈点点，那是围棋的前身。也有人认为，围棋最早是占卜的工具。

史书中第一位留下名字的专业棋手

是弈秋，孟子曾讲述过弈秋的故事。弈秋善于下棋，他有两个徒弟，一个专心致志地跟随弈秋学习，学有所成；另一个则三心二意，总是走神，未能学成。孟子借这个故事说明学习时认真专注的重要性。

围棋使用黑白二色棋子在方形棋盘上对弈，棋盘上有纵横各 19 条直线，这些直线把棋盘分成 361 个交叉点。围棋下法复杂，被认为是世界上最复杂的棋盘游戏之一。下棋时，对弈双方分别执一色棋子；执黑子者为先手，执白子者为后手；双方交替下子，每次一子；一方可以放弃下子权；棋子落在纵横线交叉点；落子后不可反悔、移动。棋子所在直线上紧邻的空点称为“气”，当棋子没气时，要被对方立即“提子”，也就是把没气的子从棋盘上拿掉，拿掉棋子之后的空点是“禁着点”，被提子的一方不可以在此处下子。围地多的一方获胜。

- **象棋**

相传象棋起源于黄帝时期。象并非指动物中的大象，而是象征的意思，象棋中各子象征不同的兵种身份。象棋早期名为象戏，即一种模仿的游戏，模仿的就是战争用兵，故又称兵戏。

棋子的颜色分为红色和黑色（或绿色和蓝色），双方各有 16 枚棋子，分别是 1 枚将（帅）、2 枚士（仕）、2 枚象（相）、2 枚车、2 枚马、2 枚炮、5 枚卒（兵）。棋盘中间有一处空隙，写有“楚河汉界”的字样，是对战双方的分界线，这来源于西楚霸王项羽与汉高祖刘邦之间的楚汉之争。两千多年前，秦朝灭亡后，项羽和刘邦争夺天下，以荥阳的鸿沟为界，中分天下。象棋以“楚河汉界”为界，象征着下象棋时双方你死我活的激烈较量。有两首打油诗，内容基本涵盖了象棋的走子规则：

（1）马走日字象飞田，车走直路炮翻山。士走斜路护将边，小卒一去不回还。

（2）车走直路马踏斜，相飞田字炮打隔，卒子过河了不得。

与象棋活动一起流行起来的还有一些相关的成语和歇后语，它们在丰富汉语词汇宝库的同时，也体现出古代先贤的价值观念。如：

观棋不语真君子，起手无悔大丈夫。（看人下棋时不要指手画脚，男子汉大丈夫做事要有担当）

斗棋勿哄，后果自负。（看人斗棋时不要起哄，否则要承担后果）

过河卒子，有进无退。（用以形容没有退路）

卒子过河当车使。（比喻小人物有不容小觑的作用）

事急马行田。（比喻事情紧急，不按照正常程序办事，只能采取权宜之计）

王不见王。（本来指飞将规则，后借指势均力敌的双方互不相容）

放马后炮。（比喻事情发生之后才提出建议，也叫事后诸葛）

飞象过河。（比喻急功近利，不按常理出牌）

弃车保帅。（比喻为顾全大局而放弃局部利益）

书

• 五种书法字体

在甲骨文、钟鼎文之后的发展中，中国书法形成了最基本的五种字体，分别为篆书、隶书、楷书、行书和草书。

篆书分为甲骨文、大篆和小篆。甲骨文距今有三千多年历史，是传世最早的文字，主要用于占卜，笔法挺拔瘦劲。大篆应是周朝时期的文字，不同国家的不同文字，都可称为大篆。

而小篆应是秦统一六国后制定的通用文字，字体瘦长圆滑，线条匀净而长，体现出庄重严肃的风格，在当时用于正式场合的书写记录，现在通常使用在篆刻中。

隶书起源于秦朝，在汉朝时期逐渐流行并达到顶峰，字体比较扁，横画长而竖画短，呈长方形。隶书的出现使中国书法进入了一个新的境界，奠定了楷书的基础。

楷书也叫正楷，是对隶书的改进，字体工整、规范，横平竖直，书写方便，所以我们学习书法一般从楷体开始。楷书因其稳重规整又便于学习的特点，而具有长盛不衰的艺术魅力。

行书是在楷书的基础上发展而来的，介于楷书和草书之间，既较楷书更为多姿，又弥补了草书不易识别的缺陷，写起来十分方便，在现代非常流行。

草书打破隶书与楷书的严谨规整，结构省简，笔画勾连在一起，书写流畅，不易识别，审美价值远远大于实用价值。

• **古代书法名家**

王羲之是东晋时期的大书法家，被后人尊称为“书圣”。他的儿子王献之书法也很好，人们称他们父子俩为“二王”。王羲之从小喜爱写字，据说平时走路的时候也随时用手指在衣服上比画着写字，日子一久，连衣服都划破了。他做官的时候，在后院的池边练字，在池中洗笔，日久天长，池水都变黑了。经过勤学苦练，王羲之终于成为著名的书法家。其书法代表作品《兰亭集序》，被称为“天下第一行书”，但原作现已失传，现存的是唐代冯承素的精彩摹本。

欧阳询是唐代书法家，字信本，潭州临湘（今湖南长沙）人，官至太子率更令，世称“欧阳率更”，世人称他的字为“率更体”。他的书法以楷书为最，其用笔讲究圆润，兼备劲健峭拔。他被称为“唐人楷书第一”，写有《化度寺故僧邕禅师舍利塔铭》《虞恭公温彦博碑》《皇甫诞碑》等。他的楷书无论用笔、结体都有十分严肃的程式，最便于初学。后人所传“欧阳结体三十六法”，就是从他的楷书归纳出来的规律。

怀素是唐代僧人，俗姓钱。他是中国历史上杰出的书法家之一，有“草圣”之称，其草书被后人称为“狂草”。他用笔圆劲有力，婉转如环，奔放流畅，一气呵成，和张旭齐名。他的作品充满了古典的浪漫主义情怀，对后世影响极为深远。

颜真卿是唐代著名书法家，创立了“颜体”楷书，与赵孟𫖯、柳公权、欧阳询并称“楷书四大家”。又与柳公权并称“颜柳”，有“颜筋柳骨”之誉。颜真卿用笔匀而藏锋，内刚劲而外温润，字的笔画曲折出圆而有力。

张旭是唐代大书法家。他性格豪放，嗜好饮酒，常常在大醉后手舞足蹈，然后回到桌前，提笔落墨，一挥而就。当时人们把张旭的草书与李白的诗词、斐旻的剑舞合称“三绝”。他的传世墨宝除楷书《郎官石柱记》外，还有草书《肚痛帖》《古诗四帖》等。

柳公权是唐代最后一位大书法家。他继承了前辈的书体结构，自创了“柳体”，以瘦劲著称。这种字体为后世百代沿用，一直延续进入了印刷体时代。他的书体化身万千，流传于民间，甚至国外。民间更有“柳字一字值千金”的夸张说法。他的书法结体遒劲，且字字严谨，一丝不苟。

画

中国绘画是中华传统文化的重要组成部分，根植于民族文化土壤之中。中国画注重构思，讲究意在笔先，它不单纯拘泥于外表形似，而是对客观事物进行取舍，夸张地刻画那些能体现出事物精髓的部分，强调神似，表达画家对社会、人生及艺术的独特感悟。中国的画家将自己生活中观察到的事物用画笔描绘出来，并将自己的个人意识和审美情趣渗入其中，使中国绘画具有强烈的主观意识。

中国画的特点，首先表现在工具材料上，往往采用中国特制的毛笔。在色彩上以墨为主，在宣纸或绢帛上作画。由于采用特制的毛笔来作画，使得“笔墨”成为中国画技法和理论中的重要术语。所谓“笔”，是指运用毛笔的不同技巧和方法，如钩、勒、皴、点等，使中国画表现出变化无穷的线条情趣；所谓“墨”，则是指中国画以墨代色，运用烘、染、泼、积等墨法，也就是常讲的“墨分五彩”（指墨色的焦、浓、重、淡、清等五种不同的色度）或“六彩”（上述“五彩”再加上宣纸的白色），追求“笔精墨妙”的艺术效果，使墨色产生丰富而细微的色度变化，使以墨代色的中国画具有独特而丰富的艺术表现力。

中国画还有一个重要的特点，就是诗、书、画、印四者有机地结合在一起，相互补充，交相辉映，形成中国画特有的内容美和形式美。

中国画的分类非常繁杂，名称极多。从题材内容上，习惯分为人物、山水、花鸟、楼台、走兽、博古（图绘瓷、铜、玉、石等各种器物）等；从画面笔墨繁简的程度上，分为写意、工笔、大写意、半工半写等；从设色上分为青绿、金碧、浅绛、水墨等；从技法上分为白描、双钩、单线平涂、泼墨等。

中国画在画成之后，要经过装裱工序，一经裱褙，绫托锦衬，高贵大方，具有很强的赏玩性。

中国传统乐器

笙

芦笙是苗、侗、水、瑶、仡佬等族常用的单簧气鸣乐器，流行于贵州、广西、湖南、云南、四川等地。芦笙历史悠久，形制多样，音色明亮、浑厚，富有浓郁的地方特色，民间常用于芦笙舞伴奏和芦笙乐队合奏。经过改革，笙已在民族乐队中应用，可独奏、重奏或合奏，有着丰富的表现力。

筝

筝是一种长方形的多弦多柱乐器，其组成部分有：面板、底板、筝头、筝边、筝尾、岳山、码子、琴钉、音孔、筝弦。它的外形近似于长箱形，中间稍微突起，底板呈平面或近似于平面。筝的头部有缓缓而落的筝脚。在木制箱体的面板上张设筝弦。

在每条弦下面安置码子，码子可以左右移动，用来调整音高和音质。筝的优劣取决于各部分材料质地及制作工艺的高低。筝的共鸣体由面板、底板和两个筝边组成。在共鸣体内有音桥，呈拱形，除了共鸣效果的需要外，它还起着支撑的作用。共鸣体的质量和结构对筝的音响影响很大。

箜篌

箜篌是十分古老的弹弦乐器，最初称“坎侯”或“空侯”，文献中有卧箜篌、竖箜篌、凤首箜篌三种形制。

箜篌历史悠久、源远流长，音域宽广、音色柔美清澈，表现力强。古代除宫廷雅乐使用外，在民间也广泛流传。据考证，箜篌流传至今已有两千多年的历史了。在中国盛唐时期，随着经济文化的飞速发展，箜篌演奏艺术也达到了相当高的水平。也就是在这个时期，中国古代的箜篌先后传入日本、朝鲜等邻国。在日本奈良东大寺的寺院中，至今还保存着两架唐代箜篌残品。但是这件古老的乐器，从14世纪后期便不再流行，以致慢慢消失了，人们只能在以前的壁画和浮雕上看到箜篌的图样。

编钟

编钟是中国古代的一种打击乐器，用青铜铸成，它由大小不同的扁圆钟按照音调高低的次序排列起来，悬挂在一个巨大的钟架上。用丁字形的木槌和长形的棒分别敲打铜钟，能发出不同的乐音，因为每个钟的音调不同，按照音谱敲打，可以演奏出美妙的乐曲。

根据出土文物和文献记载，中国在西周时期就有了编钟，那时候的编钟一般是由大小3枚编钟组合起来的。春秋末期到战国时期，钟的数目就逐渐增多了，有9枚一组和13枚一组等。

1978年，湖北随州一座战国时代的曾侯乙墓出土的编钟，是迄今为止所发现的成套编钟中最引人注目的一套，这套编钟之大，足以占满一个现代音乐厅的整个舞台。

缶

缶（fǒu）原本是古代一种陶器，类似瓦罐，形状很像一个小缸或钵，是古代盛水或酒的器皿。圆腹，有盖，肩上有环耳，也有方形的。盛行于春秋战国。这种陶器能够成为乐器是由于人们在盛大的宴会中，喝到兴致处便一边敲打着盛满酒的酒器，一边大声吟唱，颇像现代的卡拉OK，所以缶就演化成为土类乐器中的一种。

磬

磬（qìng）是古代石制的一种打击乐器。甲骨文中“磬”字左边像悬石，右边像手执槌敲击。磬起源于某种片状石制的劳动工具，其形在后来有多种变化，质地也从原始的石制进一步有了玉制、铜制的。

磬的历史悠久，据先秦文献《尚书·益稷》记载：“戛击鸣球”“击石拊石”。这“鸣球”与“拊石”，即是磬在远古时期的称呼。20世纪70年代，在山西夏县东下冯遗址出土了一件大石磬，长0.6米，上部有一穿孔，击之声音悦耳。经测定，此磬距今约4 000年，属于夏代的遗存，这是迄今发现的最早的磬。

琵琶

琵琶是我国历史悠久的重要弹拨乐器之一，被称为“民乐之王”“弹拨乐器之王”“弹拨乐器首座”，是拨弦类弦鸣乐器。南北朝时由印度经龟兹传入中原。琵琶为木制，音箱呈半梨形，张四弦，颈与面板上设用以确定音位的“相”和“品”。演奏时竖抱，左手各指按弦于相应品位处，右手戴赛璐珞（或玳瑁）假指甲拨弦发音。琵琶是可独奏、伴奏、合奏的重要民族乐器。

历史上所谓的琵琶，并不是仅指具有梨形共鸣箱的曲项琵琶，而是指形状类似、大小有别的多种弹拨乐器，像现在的柳琴、月琴、阮等，都可说是琵琶类乐器。其名“琵”“琶”是根据演奏这些乐器的右手技法而来的。琵和琶原是两种弹奏手法的名称，琵是右手向前弹，琶是右手向后弹。经历代演奏者的改进，至今形制已经趋于统一，成为六相二十四品的四弦琵琶。

笛子

笛子是中国广为流传的吹奏乐器，因为是用天然竹材制成，所以也被称为“竹笛”，又称“横笛”“横吹”。

笛子由一根竹管做成，里面去节，在管身上开有一个吹孔、一个膜孔、六个音孔。吹孔是笛子的第一个孔，气流由此吹入，使管内空气振动而发音。膜孔是笛子的第二个孔，专用来贴笛膜，笛膜多用芦苇膜或竹膜做成，笛膜经气流振动，便发出清脆而圆润的乐音。

笛子虽然短小简单，却有悠久的历史。大约在 4 500 年前，笛子由骨制改为竹制。公元前1世纪末汉武帝时期，笛子被称为“横吹”，并在当时的鼓吹乐中占有相当重要的地位。从7世纪开始，笛子又有了改进，增加了膜孔，它的表现力有了很大的发展，并且演奏技巧也发展到相当高的水平。到了10世纪，随着宋词元曲的崛起，笛子成了吟词唱曲的主要伴奏乐器，在民间戏曲以及少数民族剧种的乐队里，笛子也是不可缺少的乐器。

洞箫

箫在汉代时称为“篴”、“竖篴”或“羌笛”。唐以后才专指竖吹之笛。原称“洞箫”，现简称“箫”，指单管箫。箫是中国古老的吹奏乐器，历史悠久，音色圆润轻柔，幽静典雅，适于独奏和重奏。

箫笛同源，都是源于远古时期的骨哨，新石器时代开始以竹制作。秦汉至唐，箫也包括编管的排箫。相传此种乐器原出于羌中。汉代的陶俑和嘉峪关魏晋墓室碑画上，已可见到吹洞箫的形象。

二胡

二胡又名“胡琴”，唐代已出现，称“奚琴”，宋代称“嵇琴”。一般认为现在的胡琴由奚琴发展而来，现已成为中国独具

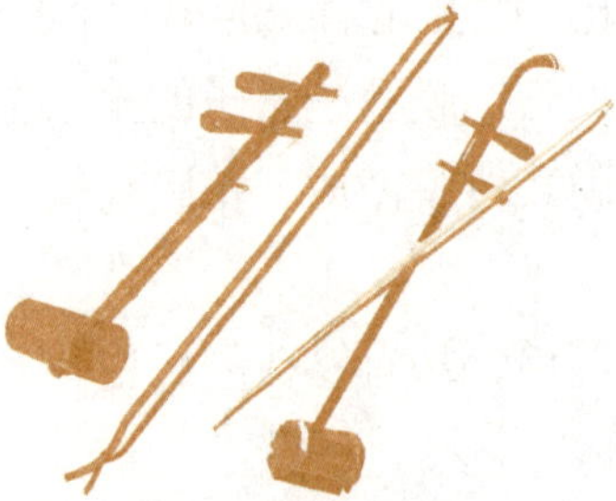

魅力的拉弦乐器。它既适宜表现深沉、悲凄的内容，也能展现气势壮观的意境。

二胡音色优美，表现力极强，是中国民族音乐中最主要的拉弦乐器。然而直到20世纪初，二胡在人们心目中都是没有地位的。演奏二胡的人常常是一些江湖艺人和道士，阿炳就是这些人中最为杰出的民间音乐家。他创作的二胡曲《二泉映月》，深受广大人民喜爱，被誉为华人音乐中的经典。

葫芦丝

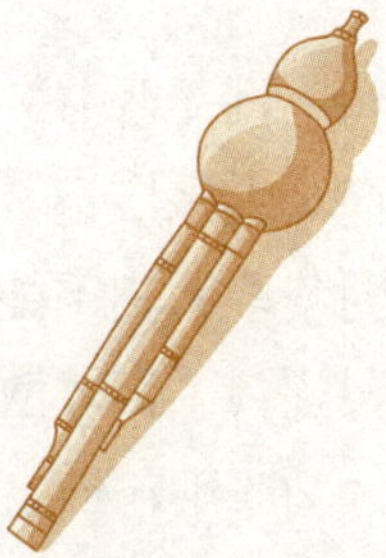

葫芦丝，又称“葫芦箫”，傣语称“筚郎叨”（“筚”为傣语吹管乐器的泛称，“郎”为直吹之意，“叨”即葫芦），是云南少数民族乐器。葫芦丝可分为高、中、低音三种类型，常用的调为降B、C、D等调。葫芦丝发源于德宏傣族景颇族自治州梁河县，主要流行于傣族、阿昌族、佤族、德昂族和布朗族等民族聚居的云南德宏、临沧地区，富有浓郁的地方色彩。

古典名曲

《高山流水》

传说在先秦时期，琴师俞伯牙一次在荒山野地弹琴，樵夫钟子期竟能领会这是描绘“峨峨兮若泰山”和“洋洋兮若江河”。伯牙惊道：“善哉，子之心与吾心同。”故有《高山流水》之曲。子期死后，伯牙痛失知音，摔琴绝弦，终生不操。

《广陵散》

据《晋书》记载，此曲乃嵇康游玩洛西时，为一古人所赠。而《太平广记》里有一则神鬼传说，说的是：有一次嵇康夜宿月华亭，夜不能寝，起坐抚琴，琴声优雅，打动一幽灵，那幽灵遂传《广陵散》于嵇康，更与嵇康约定：此曲不得教人。公元263年，嵇康被司马昭陷害。临死前，嵇康不变神色，只是叹息《广陵散》要失传了。

《平沙落雁》

又名《雁落平沙》或《平沙》，作者不详。问世以后，深受琴家喜爱，广为流传，并有多种版本，是传谱最多的琴曲之一。对于曲情的理解，有说是描写秋天景物的，有说是寓鸿鹄之志的，也有说是发出世事险恶、不如雁性的感慨的。此曲音调静美，静中有动，旋律起伏，绵延不断，优美动听。

《梅花三弄》

此曲系借物咏怀，通过梅花的洁白、芬芳和耐寒等特征，来赞颂具有高尚情操的人，曲子以泛声演奏主调，并以同样曲调在不同的徵位上重复了三次，所以称为“三弄”。

《十面埋伏》

汉族传统琵琶曲之一，又名《淮阴平楚》。明《四照堂集·汤琵琶传》中记载，琵琶家汤应曾奏《楚汉》：“……两军决斗时，声动天地，屋瓦若飞坠。徐而察之，有金声、鼓声、剑击声、人马群易声，俄而无声。久之，有怨而难明者为楚歌声；凄而壮者为项王悲歌慷慨之声、别姬声；陷大泽，有追骑声；至乌江，有项王自刎声，余骑蹂践项王声。使闻者始而奋，既而悲，终而涕泪之无从也，其感人如此。”所绘之情景、声色与今之《十面埋伏》很相似。

《春江花月夜》

原来是一首琵琶独奏曲，又名《夕阳箫鼓》《浔阳琵琶》《浔阳月夜》《浔阳曲》。后被改编成民族管弦乐曲，深为国内外听众喜爱。乐曲通过委婉质朴的旋律、流畅多变的节奏，形象地描绘了月夜春江的迷人景色，尽情赞颂江南水乡的风姿异态。

《渔樵问答》

此曲在历代传谱中有三十多个版本，有的还附有歌词。此曲优美清逸，以对答式的旋律，表现了渔樵在青山绿水间自得其乐的悠然情趣。

《胡笳十八拍》

相传，东汉末年，女性文学家蔡文姬在兵乱中为匈奴所虏，留居南匈奴成为左贤王妃，生了两个孩子。后来曹操派人把她接回，她写了一首长诗，叙述自己在战乱中被虏、胡地思乡、忍痛别子归汉的悲惨遭遇，反映了主人公深陷匈奴的苦难经历和丰富复杂的内心世界。情绪悲凉激动，感人颇深。十八拍即十八首之意。又因该诗是她有感于胡笳的哀声而作，所以名为《胡笳十八拍》或《胡鸣》。

《汉宫秋月》

此曲有两种较为流行的演奏形式，一为筝曲，一为二胡曲。《汉宫秋月》意在表现古代受压迫宫女的幽怨悲凄，及一种无可奈何、寂寥清冷的意境，以唤起人们对她们不幸遭遇的同情。

《阳春白雪》

这是一首广泛流传的琵琶独奏古曲，相传由春秋时期晋国的师旷或齐国的刘涓子所作。该曲以清新流畅的旋律、活泼轻快的节奏，生动地表现了冬去春来、大地复苏、万物向荣、生机勃勃的初春景象。

民间艺术

年画

年画始于古代的“门神画”，早期与驱凶避邪、祈福迎祥这两个主题有着密切联系。旧时盛行在室内贴年画，门上贴门神，以祝愿新年吉庆，驱凶迎祥，因每年更换或张贴后可供一年欣赏之用，故称“年画”。随着几千年的发展，年画的内容已不限于门神之类的主题，变得丰富多彩，它从早期的自然崇拜和神祇信仰逐渐发展为中国民间特殊的象征性装饰艺术，表达了人们向往美好生活的愿望。年画有着较多的产地，无论是题材内容、刻印技术，还是艺术风格，都具有鲜明的地域特色。

剪纸

剪纸是用剪刀、刻刀等工具，对纸进行剪、刻、撕等方法的加工，塑造出平面造型的艺术形式，又叫剪画、刻纸等。剪纸是一种镂空艺术，是中国汉族最古老的民间艺术形式之一。其传承的视觉形象和造型格式，蕴涵了丰富的文化历史信息，表达了广大民众的社会认知、生活理想和审美情趣，具有认知、教化、表意、抒情、娱乐等多重社会价值。中国传统民间剪纸分布地域很广，由于地理环境、风俗习惯和审美趣味的不同，形成了风格迥异的南北风情和地方特色。

雕塑

中国古代雕塑也是民间艺术的一种，根据材料的不同，有泥塑、砖雕、石雕、木雕等。泥塑艺术是中国一种常见的古老民间艺术。它以泥土为原料，手工捏制成形，或素或彩，以人物、动物为主。石雕是在石头上雕刻形象、花纹的艺术。石雕讲究造型逼真，手法圆润细腻，纹式流畅洒脱。木雕是指以木材为原料的雕刻艺术，一般选用质地细密坚韧，不易变形的树种。

风筝

风筝又称纸鸢，发明于东周春秋时期，距今已 2 000 多年。相传战国诸子百家中的墨翟（dí）用木头制成木鸟，后经鲁班的改造，演变成了如今用竹子做骨架，用纸或绢做面，利用长线放飞的风筝。风筝最初是被作为信息传递工具使用的，从宋代开始，放风筝成为民间小儿喜爱的户外活动。清明时节放风筝是民间的一个习俗，在展现宋代生活图景的《清明上河图》中就有放风筝的生动画面。

刺绣

刺绣，古称为针绣，是用绣针引彩线，以设计好的花纹在纺织品上刺绣运针，以绣迹构成花纹图案的一种工艺。据《尚书》载，远在 4 000 多年前的章服制度，就规定“衣画而裳绣”。周代，则有“绣缋共职”的记载。湖北和湖南出土的战国、两汉的绣品，水平都很高。唐宋刺绣施针匀细，设色丰富，盛行用刺绣作书画、饰件等。明清时封建王朝的宫廷绣工规模很大，民间刺绣也得到进一步发展，中国刺绣工艺在长期的发展中形成了四大名绣：苏绣、湘绣、粤绣和蜀绣。

古代地理

地名古称

今名	古称/别称
苏州	姑苏
杭州	临安、钱塘
扬州	广陵、江都
开封	汴京、东京
西安	长安、西京
南京	金陵、建业、应天、建康、江宁
北京	蓟城、燕京、大都
成都	锦官城
绍兴	会稽
上海	松江府
南昌	洪都
广州	羊城
合肥	庐州、庐阳

区域划分

州：三皇五帝时代之前即有九州，此时将天下分为九个“州”。

国家：国是古代诸侯王的封地，如战国时的秦国、楚国。大夫的封地则称家。

郡县：古代的两级行政单位，大体相当于今天的省与县。秦始皇统一天下后将天下分为三十六郡，下面设县。

府：府是唐代至清代的行政区划名称。如唐代有京兆府，宋代有开封府等。

省：原本是官署的名称，如中书省、门下省。后来元明清三代实行行省制，将地方简称为“省”，后来“省”就成了地方行政区域的名称。

地理名词

四海：指全国各地。

海内：传说中国疆土四面环海，因此称国境之内为海内。如王勃《送杜少府之任蜀州》中“海内存知己，天涯若比邻”。

九州：大禹将天下分为冀州、兖（yǎn）州、青州、扬州、徐州、豫州、荆州、梁州、雍州九个州。后来九州泛指中国。

京畿（jī）：国都及附近的地方。

中国：古代华夏族、汉族多建都于黄河的南北两岸，在四方少数民族中间，因此称其地为“中国”或“中华”。起初指黄河中下游一带，后由于历朝疆土逐渐扩大，其所统治的地域都称中国或中华。

中原：又称中土、中州。狭义的中原指今天的河南省一带，广义的中原泛指黄河中下游地区。

关东：明清以前称函谷关或潼（tóng）关以东地区为“关东”，明清开始将位于山海关以东的辽宁、吉林、黑龙江三省统称为关东地区。

关中：秦、汉时期称函谷关以西地区为“关中”，或指今天陕西关中盆地。

三秦：秦朝灭亡后，项羽三分秦朝的故地关中，三秦是关中地区的别称。

江南：指长江下游以南的地区，也泛指长江以南。

江东：江东又称江左，指长江下游南岸地区，也指三国时吴国统治下的全部地区。

山东：战国、秦、汉时期称崤（xiáo）山或华山以东为山东，也泛指战国时秦国以外的六国领土。

西域：汉时指现在玉门关以西的地区。

建筑古迹

四大名楼

黄鹤楼：始建于三国时期吴黄武二年，位于湖北省武汉市长江南岸的武昌蛇山之巅，王维、李白等历代文人墨客在此留下了许多诗篇。

蓬莱阁：始建于宋朝，位于山东省烟台市蓬莱区的丹崖山上，素以“人间仙境”著称于世，因“八仙过海”传说和“海市蜃楼”奇观闻名海内外。

滕王阁：始建于唐永徽四年，位于江西省南昌市西北部沿江路赣江东岸，因唐太宗李世民之弟滕王李元婴始建而得名，又因王勃一首《滕王阁序》为后人所熟知。

岳阳楼：始建于东汉建安二十年，位于湖南省岳阳市古城西门城墙之上，紧靠洞庭湖畔，下临洞庭，前望君山，自古有“洞庭天下水，岳阳天下楼”的美誉，因范仲淹的《岳阳楼记》而著称于世。

四大石窟

龙门石窟：位于河南省洛阳市洛龙区伊河两岸的龙门山与香山上。开凿于北魏孝文帝太和年间，之后历经长达400多年的营造，南北长达1 000米，现存洞窟像龛2 345个，瓮785个，造像11万余尊，题记3 680种，建造时采用了大量彩绘。

莫高窟：位于河西走廊西部尽头的敦煌，它的开凿从十六国时期至元代，前后延续约1 000年，经过历代的兴建，形成巨大的规模，有洞窟735个，保存壁画4.5万多平方米，泥质彩塑2 400余尊，是世界上现存规模最大、内容最丰富的佛教艺术地。

云冈石窟：位于山西省大同市西郊的武周山南麓，依山开凿，东西绵延约1 000米。现存主要洞窟45个，大小窟龛252个，石雕造像5.1万余尊，为我国规模最大的古代石窟群之一。

麦积山石窟：位于甘肃省天水市东南麦积山，是小陇山中的一座孤峰，高142米，因形似农家麦垛而得名。始建于十六国后秦时期，现存窟龛221个，各类造像3 938件，壁画979.54平方米。麦积山石窟保留有大量的宗教、艺术、建筑等方面的实物资料，体现了千余年来各个时代塑像的特点，反映了中国泥塑艺术发展和演变过程，被誉为“东方雕塑艺术陈列馆”。

花式称谓

君臣谦称

寡、孤：古代帝王和诸侯对自己的谦称。

臣、下官、末将、卑职：古代大臣对自己的谦称。

君臣敬称

陛下、圣上、天子：对皇帝的敬称。

卿、爱卿：皇帝对大臣的敬称。

殿下：对亲王或太子的敬称。

麾下：对将领的敬称。

家族谦称

家父、家严：谦称自己的父亲。

家母、家慈：谦称自己的母亲。

家兄：谦称自己的哥哥。

家姐：谦称自己的姐姐。

舍弟：谦称自己的弟弟。

舍妹：谦称自己的妹妹。

小儿：谦称自己的儿子。

小女：谦称自己的女儿。

家族敬称

令尊：对别人父亲的敬称。

令堂：对别人母亲的敬称。

令郎：对别人儿子的敬称。

令爱：对别人女儿的敬称。

人群称谓

黄口：是对幼年儿童的称呼。

红颜：对年轻貌美女子的称呼。

老苍：对老人的称呼。

苍生、黎民：对普通百姓的称呼。

人际关系称谓

同僚：对同在一个官署任职的官吏的称呼。

同乡：对老乡的称呼。

同袍：对战友的称呼，也可用作对朋友、同伴的称呼。

青梅竹马：对从小就相识的夫妻俩或恋人的称呼。

常用意象

植物

梅

梅花生长在酷寒之中，不畏风霜，凌寒独立，因此象征着高洁、坚忍的人格。

积累

墙角数枝梅，凌寒独自开。

——[宋]王安石《梅花》

兰

兰花常在幽静的山谷中默默绽放，不与世俗争名夺利，因此象征着清正廉洁和典雅高洁的精神品质，常被用来形容谦谦君子和大家闺秀。

积累

此是幽贞一种花，不求闻达只烟霞。

——[清]郑板桥《兰》

竹

竹子坚韧挺拔，生长速度很快，四季常青，文人骚客常将竹子种植于庭院之中，以彰显其高雅的品味。竹子象征着正直清廉、宁折不弯、不卑不亢的品质。

积累

道人庭宇静，苔色连深竹。

——[唐]柳宗元《晨诣超师院读禅经》

菊

菊花多在百花凋零之后，凌霜盛开，有着淡雅随和，素净清新的气质，因此象征着君子潇洒隐逸、孤傲脱俗的品质。

积累

耐寒唯有东篱菊，金粟初开晓更清。

——[唐]白居易《咏菊》

莲花

莲花“出淤泥而不染”，代表高尚纯洁的品质。

积累

白莲生淤泥，清浊不相干。

——[宋]苏辙《盆池白莲》

松

松树身姿挺拔，即使生长在峭壁之上也能屹立不倒。松树四季常青，俗话说“松鹤长春”就是借松树的形象来表达长久之意。因此松树征着长寿健康，还象征不畏逆境、坚韧不拔的品质。

积累

寒暑不能移，岁月不能败者，惟松柏为然。

——[宋]苏辙《服茯苓赋叙》

动物

鸿雁

鸿雁有随着季节变换而迁徙的习性，总往返于南北之间，游子们看到常会想起家乡和亲人，因此常被诗人用来抒发对家乡和亲人的思念之情。

积累

征蓬出汉塞，归雁入胡天。

——[唐]王维《使至塞上》

燕子

燕子喜欢在人类的屋檐下筑巢，每年都会从北方飞去南方过冬，到了春天又会飞回北方，有不忘旧巢的习性，因此常常被诗人用来抒发世事变迁、物是人非的感慨。

积累

旧时王谢堂前燕，飞入寻常百姓家。

——[唐] 刘禹锡《乌衣巷》

寒蝉

寒蝉，作为中国诗歌中的独特意象，主要应用在中国古代文学的悲秋主题中。有一个成语叫作“噤若寒蝉”，在深秋时节它不再活跃，人们只能听到些许低微的叫声，加上秋天萧瑟的景致，诗人往往用它来表达凄凉悲苦的心情。

积累

寒蝉凄切，对长亭晚，骤雨初歇。

——[宋] 柳永《雨霖铃》

鸡鸭鹅狗

生活在人类的居所周围，只要听见它们的叫声，就意味着附近有人生活，因此常出现在表现生活气息、田园生活的诗作中。

积累

鹅，鹅，鹅，曲项向天歌。

——[唐] 骆宾王《咏鹅》

器物

长亭

古人分别相送和郊游驻足之地，同时还是赏月思乡、对酒当歌的“胜地”。经过文人的诗词吟咏，“十里长亭”逐渐演变为送别地的代名词，常用来抒写了离愁别绪。

积累

绿杨芳草长亭路，年少抛人容易去。

——[宋]晏殊《玉楼春》

酒

中国古代的不少诗人都精心于诗歌“酒”意象的创造，使其诗具有高度的思想与艺术价值。诗人们常借酒怡情助兴，或解愁忘忧，或送友饯行。因此酒既可以代表悲伤愁苦的心情，也可以代表欢欣喜悦的心情。

积累

劝君更尽一杯酒，西出阳关无故人。

——[唐]王维《送元二使安西》

蜡烛

将自身燃烧殆尽以照亮他人，代表着牺牲自己、无私奉献的精神。也用来象征爱情和相思。

积累

春蚕到死丝方尽，蜡炬成灰泪始干。

——[唐]李商隐《无题》

玉石

先秦诸子百家以儒家学说诠释玉并赋予“德”的内涵，汉代许慎在《说文解字》中对玉有这样的解释“玉，石之美者”。诗人常用它来形容品格高尚的人，还用来比喻事物拥有美好的外表。

积累 金风玉露一相逢，便胜却人间无数。

——[宋]秦观《鹊桥仙》

自然景观

月亮

月亮时而柔和时而明亮，是诗人最爱的景物之一。随着月亮阴晴圆缺的变化，诗人也常常生出思念亲友、惆怅黯然等情绪，因而月亮常表示思念、圆满、缺憾等。

积累 明月几时有？把酒问青天。

——[宋]苏轼《水调歌头》

风

春风温暖湿润，带来生机；秋风寒冷萧瑟，令人感伤。风虽然无形但能给人带来不同的感受，因此人们在不同的季节会借风发出不同的感叹。

积累 秋风萧瑟天气凉，草木摇落露为霜。

——[魏]曹丕《燕歌行二首·其一》

江河

江河可以绵延数千里，常常流转于高山峡谷之间。江河可以奔腾翻滚，也可以静静流淌。诗人看到江河或心潮澎湃，或感怀思念，所以江河代表雄心壮志，所以江河也代表时光流逝。

积累

孤帆远影碧空尽，唯见长江天际流。

——[唐]李白《黄鹤楼送孟浩然之广陵》

俗语

二字俗语

草包（没有真才实学）
吃香（受到欢迎，被人重视）
老练（干事很有经验）
较真（认真）
哭穷（口头上向人叫苦装穷）
冒尖（超出众人）
谋生（做工挣钱，维持生存）

三字俗语

挖墙脚（比喻拆台）
吃小灶（比喻享受特殊照顾）
下马威（一开头就向对方显示自己的威力）
摔跟头（比喻遭受挫折或犯错误）
开小差（比喻思想不集中）
放冷箭（比喻暗中害人）
下台阶（摆脱窘迫的处境）
做手脚（比喻暗中作弊等）
出洋相（出丑，闹笑话）
绊脚石（比喻阻碍前进的人或事）
打圆场（调解纠纷，缓和僵局）
烂摊子（比喻不易收拾的局面）
台柱子（比喻集体中的骨干）

一窝蜂（人多势众、一拥而上的情态）
老古董（思想保守的人）
老黄牛（老老实实、勤勤恳恳工作的人）
老江湖（阅历多、处事圆滑的人）
软骨头（比喻没有气节的人）
笑面虎（外表善、内心狠的人）
地头蛇（强横无赖、在当地有势力的人）
哈巴狗（趋炎附势、百依百顺的人）
替罪羊（代人受过、替人挨揍的人）
井底蛙（孤陋寡闻、知识不广的人）
落汤鸡（浑身湿透的人）
旱鸭子（不会游泳的人）
智多星（足智多谋的人）
东道主（接待宾客的当地主人）
眼中钉（比喻心目中痛恨、厌恶的人）
阶下囚（公堂台阶下受审的囚犯）
变色龙（善于变化和伪装的人）
纸老虎（外强中干的人）
千里马（比喻有才干的人）
铁公鸡（吝啬钱财、一毛不拔的人）
墙头草（比喻善于随情势而改变立场的人）
打水漂（比喻白白投入而没有收获）
吊胃口（让人产生某种欲望或兴趣）
避风港（比喻可以躲避激烈斗争的地方）
空城计（掩饰力量空虚，骗过对方的策略）
戴高帽（比喻对人说恭维的话）

唱高调（说不切实际的漂亮话）

拦路虎（比喻前进道路上的阻碍和困难）

四字俗语

打退堂鼓（比喻做事中途退缩）

打马虎眼（故意装糊涂，蒙混骗人）

打预防针（比喻提前打招呼，让其做好思想准备）

喝西北风（指没东西可吃，挨饿）

坐冷板凳（比喻因不受重视而担任清闲的工作）

半路出家（比喻原来并不从事这一工作，后来才改行从事）

钻牛角尖（比喻思想固执，不知道变通）

唱空城计（比喻用掩饰自己力量空虚的方法骗过对方）

五字俗语

赶鸭子上架（比喻勉强别人做力所不及的事）

病急乱投医（形势危急，盲目求援）

换汤不换药（比喻只改了形式而实质没变）

墙倒众人推（比喻在失势或倒霉时，备受欺负）

照葫芦画瓢（刻板地照着做）

无巧不成书（形容事情十分巧合）

鲤鱼跳龙门（比喻中举、升学或升官等飞黄腾达之事）

不打不相识（通过交手，相互了解）

空口说白话（形容光说话不做事，或光说话而没有行动）

鸟枪换大炮（比喻情况或条件有很大的改善）

小巫见大巫（比喻相形见绌，远远不如）

破罐子破摔（比喻有了缺点、错误，不加改正，放任自流）

坐山观虎斗（比喻对双方的斗争采取旁观态度，等到两败俱伤时，再从中获利）

先下手为强（先于别人行动，可以取得优势）

乱点鸳鸯谱（形容，胡乱撮合）

物以稀为贵（东西少就觉得贵重）

山高皇帝远（形容地方偏远，无人管得了）

一问三不知（对实际情况一无所知）

一锤子买卖（一次性交易，多指不法商贩的行为，含贬义）

一亩三分地（形容自己的小地盘，势力范围）

八字没一撇（比喻事情毫无眉目，未见头绪）

三下五除二（指人做事十分麻利）

十八般武艺（泛指各种技能、方法）

千里送鹅毛（比喻礼轻情意重）

六字俗语

真金不怕火炼（经得起考验）

不分青红皂白（不分辨是非）

杀鸡焉用牛刀（比喻做小事情不值得用大的力量）

有眼不识泰山（比喻见识浅陋，认不出就在眼前的有地位或有本领的人）

家丑不可外扬（是说内部的不体面的事情不应向外人传扬）

过五关斩六将（闯过重重难关）

驴唇不对马嘴（比喻答非所问或事物两下不相合）

英雄所见略同（见解大致相同）

挂羊头卖狗肉（比喻用好的名义做幌子，实际上是名不副实）

明人不做暗事（光明正大的人不做偷偷摸摸的事）

不费吹灰之力（办事很容易）

拆东墙补西壁（比喻临时救急或临时勉强应付）

百闻不如一见（耳听为虚，眼见为实）

打肿脸充胖子（比喻本没有能耐或钱财却硬装作有的样子）

高不成低不就（是说在求职或婚配上进退两难）

八竿子打不着（比喻关系疏远或没有关系）

恭敬不如从命（与其态度谦逊有礼，不如遵从人家的意见）

七字俗语

饱汉不知饿汉饥（比喻处境好的人不能理解别人的苦衷）

浪子回头金不换（指做了坏事的人改过自新后极为可贵）

打开天窗说亮话（毫无隐瞒地公开说出来）

此地无银三百两（比喻想要隐瞒掩饰，结果反而暴露了）

强中自有强中手（比喻技艺无止境，不能自满自大）

不到黄河不死心（比喻不达到目的不罢休，也比喻不到实在无路可退的境地不肯死心）

长江后浪推前浪（比喻事物的不断前进，多指新人新事不断代替旧人旧事）

大树底下好乘凉（比喻有所依托事情就好办）

好心当作驴肝肺（指把好心当作恶意）

人逢喜事精神爽（人遇到喜庆的事则心情舒畅）

偷鸡不成蚀把米（比喻本想占便宜反而吃了亏）

各人自扫门前雪（各人只管自己的事情）

聪明反被聪明误（自以为聪明反而被聪明耽误或者妨害了）

八字俗语

心急吃不了热豆腐（着急反而办不成事）

福无双至，祸不单行（指幸运的事不会连续到来，祸事却会连续发生）

江山易改，本性难移（人的本性是难以改变的）

捡了芝麻丢了西瓜（比喻抓住了次要的东西而放弃了主要的）

养兵千日，用兵一时（原指军人平时受国家培养，一旦国家急需，就要奋力报效。现也泛指平时长期勤奋训练，在关键的时候就能发挥作用）

一把钥匙开一把锁（用不同的方法，解决不同的问题）

分久必合，合久必分（指人或事物变化无常，分合无定）

八仙过海，各显神通（各自施展本领，互相竞赛）

兄弟同心，其利断金（大家只要一条心，就能发挥很大的力量）

狗嘴里吐不出象牙（讥讽坏人口里说不出好话来）

重赏之下，必有勇夫（借用赏金悬赏，就会有勇于干事的人）

一日为师，终身为父（对师长要永远尊重）

九字俗语

搬起石头砸自己的脚（自作自受，自食恶果）

一朵鲜花插在牛粪上（条件好的女子嫁给条件差的男子）

一分钱掰成两半儿花（精打细算节约钱）

东河里没水西河里走（一条路走不通就走另一条路）

不要在一棵树上吊死（选择新途径办事）

十字及十字以上俗语

公说公有理，婆说婆有理（对错难辨）

人往高处走，水往低处流（人要有进取心）

天有不测风云，人有旦夕祸福（灾祸很难预料）

黄鼠狼下耗子，一窝不如一窝（后代退化）

人无头不走，雁无头不飞（做事必须要有人领头）

人无千日好，花无百日红（好日子不能永远在）

一根绳儿上的两只蚂蚱（互相牵制，谁也跑不了）

人吃五谷杂粮，哪有不得病的（人难免生病）

宁可信其有，不可信其无（指做事要有充分的准备，以防意外发生）

四大发明

中国古代科学技术取得了辉煌的成就，对世界历史的发展进程起着巨大的推动作用，尤其是享誉世界的四大发明，作为中国古代劳动人民最伟大的创造，在人类科学文化史上留下了灿烂的一页。

造纸术

在纸发明之前，我们的祖先利用龟甲、兽骨、竹木简及丝帛等材料书写记事，但这些材料不是笨重就是昂贵，给文化知识的积累与传播带来很大困难。中国古代人民在制造丝织品的过程中，发现了一种薄薄的丝绵可以用来书写，这就是所谓的"絮纸"。这种絮纸原料有限，不能大量制造，但人们从中得到启发，开始从植物中寻找纤维，于是发明了植物纤维纸。

1957 年西安灞桥出土了公元前 2 世纪以前的一些米黄色的古纸，这些纸片主要由大麻纤维制成，有明显的被麻布压成的布纹，被称为"灞桥纸"，这也是当前发现的世界上现存最早的植物纤维纸。到了东汉，蔡伦总结前人经验改进了造纸术。他带领工匠们用树皮、麻头、破布等原料来造纸，不仅大大扩充了原料来源、降低了成本，而且大大提高了纸的质量，人们称这样的纸为"蔡侯纸"。东汉末年，造纸能手左伯改进了造纸工艺，他造出来的纸厚薄均匀、色泽鲜明，被人们称为"左伯纸"。从此，纸张得到迅速推广，造纸术也不断得到革新。唐宋时，宣州府以檀树皮为原料所产的宣纸，洁白细密、吸水力强，深受文人墨客喜爱。宣纸更被推为"文房四宝"之一，享有"纸寿千年"的美誉。

纸的发明和使用不仅有利于文化的传播，也给中国古代人民的经济生活带来了划时代的变革，如北宋时期所发行的世界上最早的纸币——交子，就是以纸的使用为必要物质前提的。中国人民还以自己的勤劳和智慧创造了许多优秀的纸的艺术品，如剪纸、折纸等，极大地丰富了人们的文化生活。

印刷术

中国古代印刷术经历了雕版印刷和活字印刷两个阶段。

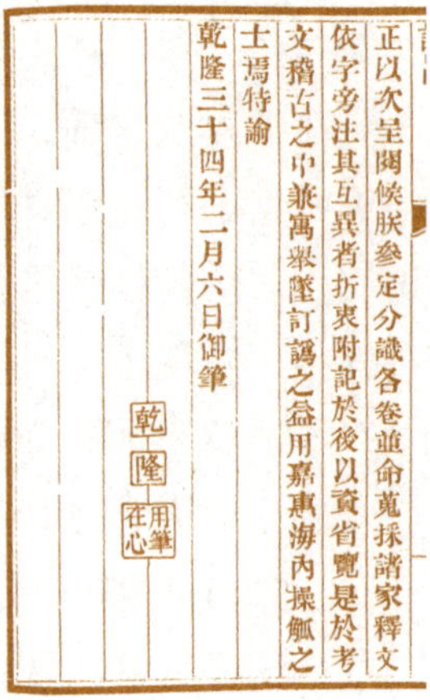
正以次呈閱候朕參定分識各卷並命蒐採諸家釋文
依字旁注其互異者折衷附記於後以資省覽是於考
文稽古之中兼寓擧墜訂譌之益用嘉惠海內操觚之
士焉特諭
乾隆三十四年二月六日御筆
乾 隆
用筆在心

雕版印刷术大约产生于隋唐之际，是在古代刻石和印章的基础上产生的。具体方法是把文字写在木板上，雕刻成阳文反字的模板，字面向上放置，然后刷墨、贴纸，揭下来后一页书就印好了。唐代，人们开始大量印刷书籍，但现在保存下来的只有一部咸通九年刻印的《金刚经》，这本书是世界上现存最早的雕版印刷书籍。

雕版印刷虽然大大优于手抄，但刻版费时、不易保存，在其流行了200余年后，一种更便捷先进的印刷术诞生了，这就是活字印刷术。北宋庆历年间，刻字工人毕昇发明了活字印刷术，他用胶泥制成单字块，用火烧硬，作为一个个活字模型。印书时，将这些活字模型排列在铁板上，用铁框框住，将松香、蜡等加热融化用以固定字模，然后涂墨印刷。这一发明既经济又便捷，是人类印刷史上的一次重要革命。元代，著名学者王祯创造了木活字印刷术，克服了泥活字容易破损的缺点。他还发明了转轮排字架，大大提高了排字效率，减轻了排字工人的体力消耗。其后，又出现锡活字、铜活字、铅活字，大大促进了中国印刷事业的发展。

指南针

指南针又称“罗盘针”，是利用磁石的指极性能发明的用以指示方向的仪器。

中国是世界上最早发现磁铁指极性的国家，早在春秋战国时期，人民就利用天然磁石的特性制成了最初的指南针——司南。司南就是指南的意思，它是将一块天然磁铁打磨成勺子形状，使重心在勺底正中，然后将其放在一个光滑的青铜方形盘上，微微转动勺把，待静止后，勺把就会指向南方。方形的铜盘上刻有二十四向，故被称为“地盘”。到北宋时期，为适应日益发展的航海事业的需要，中国人民又创制了一种指南工具——指南鱼。指南鱼是把薄铁片剪成鱼形，用磁石摩擦使之磁化，浮置水面时，鱼头就会指南。稍后，沈括在《梦溪笔谈》中又记载了指南针的制造技术，他明确指出“方家以磁石磨针锋”，即将钢针放在磁铁上磨，使钢针变成磁针。这种经过人工传磁的钢针可以说是正式的指南针了。这也是中国古籍乃至世界上第一次记述用人工磁化法制造的指南针。

指南针的发明和改进给航海事业带来了划时代的影响，使中国古代的航海事业在中世纪就达到世界最高水平。指南针在宋代就已传入阿拉伯地区，后又经阿拉伯传入欧洲。

火药

中国是火药的故乡，也是世界上最早使用和生产火药兵器的国家。火药的起源和炼丹术有关，它是中国古代道教炼丹家在炼丹过程中偶然发现的，至今已有一千多年的历史。

古代火药的主要原料是硝石、硫黄和木炭。早在新石器时代人们烧制陶器时就认识了木炭，把它当做燃料。商周时期，人们在冶金中开始广泛使用木炭。春秋战国时期，人们又认识了硝石和硫黄的药物性能。中国古代炼丹家在炼丹制药的过程中发现，将硝石、硫黄和木炭放在一起加热易起火和爆炸。后经过长期实践，大约在唐代，中国就已掌握火药的制造技术，火药开始出现。在我国古代，火药除了被用于军事，还更多地用于节日庆典的爆竹和烟花的生产，为人们的生活增添了很多乐趣。

约在 12 世纪，火药首先传入阿拉伯国家，然后传到希腊和欧洲乃至世界各地。对人类社会的文明进步，对经济和科学文化的发展起了推动作用。美、法各国直到 14 世纪中叶，才有应用火药和火器的记载。

武术

中国武术，又称“中国功夫”，是中华民族智慧的结晶，是中华传统文化的体现，是世界上独一无二的“武化”。它讲究刚柔并济、内外兼修，既有刚健雄美的外形，更有典雅深邃的内涵，蕴含着先哲们对生命和宇宙的参悟，是中国劳动人民长期积累起来的宝贵文化遗产。

少林功夫

在中国武术界，有一个寺院极负盛名，这就是少林寺，在这个寺院产生的少林功夫，是中国宝贵的文化遗产。少林寺位于河南嵩山，初创于公元 5 世纪末。6 世纪时有一位佛教大师菩提达摩在此修禅，面壁 9 年，修出了他的壁观禅法，此寺因而名闻天下。后人又把少林功夫的初创权给了这位大师，说因他长期静坐，为了调整身体内部的循环，创造了一套功法来放松身心。少林功夫在历史发展中形成了极为丰富的形态，有所谓“少林七十二艺”的说法，举凡长拳、短拳、刀术、棍术、剑术等，都有自己的拿手绝招。少林功夫对中国武术有广泛的影响。

少林功夫强调基本功，今天在少林寺千佛殿上能看到一个个低窝眼儿，那是僧人练武时留下的脚窝。一代代练武之人用汗水和智慧，延续了少林功夫的辉煌传统。

少林功夫不光是为了锻炼身体，更讲求内在的心性修炼。看少林功夫，能给人很多人生启发。少林功夫极有机趣，它将游戏感贯穿在枯燥严苛的规则中，在硬朗中充满了诙谐的意味。如一套流行甚广的醉拳，与其说是拳术，倒不如说是游戏。金鸡独立、李白醉酒，摇摇晃晃，东倒西歪，似睡非睡，看这样的功夫，常常叫人忍俊不禁。少林功夫中的猴拳，模仿猴子灵巧敏捷的习性，设计了如出洞、窥望、看桃、攀登、摘桃、蹬枝、拼抢、藏桃、蹲坐、吃桃、喜乐、惊窜、入洞等功法，表演起来，极具观赏性。

少林功夫以拳禅合一为其最高准则，以静修为其主要目的。少林功夫强调在定处入功，在静处行拳。练功前要静坐蒲团，静中凝气，在心无挂碍的境界中，缓缓起身。少林功夫在"空洞无我处生"，练功重在练心，动处必合静处。

少林功夫的三大目的——护寺、防身和健体，并不包括攻击。练武者不尚武，是中国武术思想的重要特色。少林戒律中就有"尚德不尚力"的规定，它在发展中融合了儒家"仁爱"的思想，尤其反对残忍的攻击。万不得已对垒，少林武术规定"八不打"：一不打太阳穴，二不打胸口，三不打软肋，四不打两腋，五不打下阴，六不打腰眼，七不打尾骨，八不打耳郭。这八个部位都是人体的命门，"八不打"就是以不伤人性命为本。

太极拳

在中国武术中，有一种被称为“太极拳”的功夫受到人们的普遍喜爱，至今仍然是中国人强身健体的重要手段之一。它本来是一种武术，由于具有护身和健体的双重功能，所以打太极拳很快发展成为人们锻炼身体的方式。这套功夫还具有调节人的神经系统、呼吸系统、消化系统以及心脑血管系统的作用，所以它又有防病治病的功能。自古以来形成了陈式太极、杨式太极、孙式太极、吴式太极、武式太极等不同的流派，但它们在总体套路上却具有相似性。

“太极”本是中国哲学的术语。《周易》将八卦的产生归根于太极，北宋哲学家周敦颐作《太极图说》，将太极视为万物之本原。太极为圆相，包有阴阳二气。太极拳所根据的正是这一道理。

太极拳有一种行云流水的美。圆是太极拳的重要特点之一。打一套太极拳，如同在不断地画圆，连环圆活是衡量这套功法高下的重要标志。乾坤有圆气流转，人的身体内部也有一个循环往复、圆转流动的生命，太极拳就是要在蹿蹦跳跃、闪展腾挪中，画出生命的圆圈，化外在的圆转为身体之中的潜气内转。太极拳的另一特点是在阴阳变化中追求流动的妙韵，紧扣太极哲学中阴阳二气互为包裹、俯仰变化的特性。太极拳重阴阳变化，强调刚柔相济，在轻柔匀缓的动作中，表现大化流动的意韵。

太极拳在发展过程中，吸收了中医的经络学说和道教的导引之术。太极拳讲求内外结合，外练身手，内练心气，

特别注意气的吐纳。在打太极拳的过程中，从口中吐出浊气，又将新鲜空气从鼻中纳入，吐故纳新，保持身体中的新鲜能量。人们往往喜欢在空气清新的早晨打太极拳，一套拳术打下来，通体透灵，身心好像在清新的空气中洗涤过一般。